Nicole Schmidt
Einfach Kind sein

Über die Autorin

Nicole Schmidt (Jahrgang 1982) hat drei große Leidenschaften: ihre Familie, das Schreiben und ihren Glauben an Jesus Christus. Sie ist verheiratet, hat zwei Töchter und lebt mit ihrer Familie in Windeck-Schladern (Bergisches Land). Aktuell ist sie als freie Autorin tätig und hat Artikel für christliche Zeitschriften geschrieben.

Nicole Schmidt

Einfach Kind sein

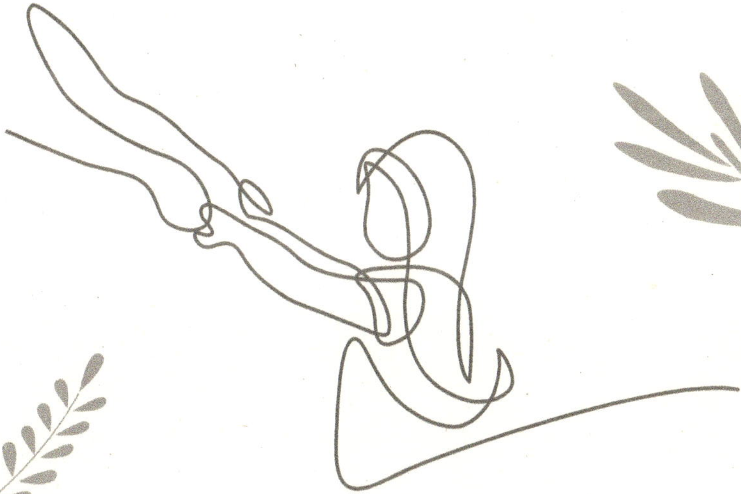

Familienalltagsgeschichten, die von
der Liebe Gottes erzählen

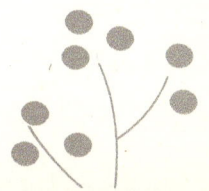
GerthMedien

Für Nele und Sophia.
Meine seelewärmenden Kinder.

Inhalt

Prolog 9

Einfach Kind sein 13

Die Zusage 17

Der Preis 22

Jesus' Mutter 27

Ist doch meins 32

Kleine Helfer 36

Herzensgeschenke 41

Der Haarknoten 45

Vergoldete Narben 53

Von kleinen großen Ängsten 59

Kuschelzeit 62

Der Bestimmertag 66

Der Zuckerrand 70

Muttertag 76

Der zerbrochene Haarreifen 80

Jesus, der Mensch 84

Wer nicht hören will 92

Verloren und gefunden 97

Ohne Worte 104

Herzensrichtung 109

Phantomschmerzen 115

Die neuen Sandalen. 120

Schmerzhafte Liebe. 125

Am Ende des Weges. 131

Die kalte Schulter 136

Im Dunkeln unterwegs. 139

Regenbogenfarben. 143

Die Fahrradprüfung 149

Der leere Platz 154

Unpassend 158

Der Papierstern. 164

Der Makel an der Wand 169

Die Herausrede 174

Epilog. 181

Anmerkungen. 187

„Ich werde euer Vater sein, und ihr werdet meine
Söhne und Töchter sein. Das sage ich,
der Herr, der allmächtige Gott."
2. Korinther 6,18

„Kinder bleiben die Mittler zwischen
Gott und den Menschen."
Jeremias Gotthelf

Prolog

Es war eine Nacht wie viele andere. Nichts an ihr war ungewöhnlich. Und doch war sie etwas Besonderes und hat mich verändert.

Unsere Tochter war damals noch kein Jahr alt. Sie schlief nachts nicht besonders gut, wurde oft wach und weinte. Es kam vor, dass wir sie mehrmals beruhigen mussten. Auch in dieser Nacht wurde ich von ihrem herzerweichenden Wimmern geweckt. Schlaftrunken schob ich die körperwarme Decke und die gemütliche Bettschwere von mir und rollte mich von der Matratze. Meine Tochter lag in ihrem Bettchen, das kleine Mündchen zitterte jammernd und die Augen waren zu Schlitzen zusammengekniffen. Es wunderte mich, dass überhaupt Tränen aus ihnen herausfließen konnten. Ich hob dieses kleine Bündel Mensch hoch, drückte es an mich und bewegte mich sachte im Takt des Rhythmus, zu dem alle Eltern auf der Welt tanzen. Ich spürte den warmen Körper durch den weichen Schlafsack und die heißen Tränen auf ihren butterweichen Wangen. Das Weinen wurde schwächer, bald war es nur noch ein leises Winseln. Ihre Atmung wurde gleichmäßig. Dann holte sie einmal tief Luft und ein wohliger Seufzer entflog ihren Lungen. Nun lag sie ganz entspannt in meinen Armen. Ich setzte mich vorsichtig in den Schaukelstuhl, damit sie in aller Ruhe wieder einschlafen konnte. Jetzt lag sie auf meiner Brust, das Ohr an meinem Herzschlag. Niemand kannte ihn so gut wie sie. Auch ich spürte ihr winziges Herz schlagen, stetig wie ein Metronom und trotz der geringen Größe voller Stärke und Entschlossenheit. Zwei Herzschläge in der Dunkelheit der Nacht.

Und plötzlich, vollkommen unerwartet, geschah es: Ein Gefühl der absoluten Glückseligkeit durchströmte mich. Dieser Eindruck war so überwältigend, so klar und rein, so schöpferisch und kraftvoll, dass ich mich wie berauscht fühlte, unklar darüber, ob ich noch atmete. Und ich weiß, dass mein Versuch, dieses Empfinden in Worte zu verwandeln, nur ein lächerliches Gestammel zu dem sein kann, was ich tatsächlich erlebt hatte. Mein Herz und meine Seele liefen über und eine tiefe Zufriedenheit ließ keinen Raum für Zweifel, dass das, was ich spürte, die pure, makellose und unverfälschte Liebe zu meinem Kind war. Es war nur ein kurzer Augenblick. Doch ich wusste, dass in ihm ein Stückchen Ewigkeit enthalten gewesen war.

Ich legte das schlafende Kind vorsichtig zurück und beobachtete es noch eine Weile. Von seinem Schlaf ging eine tiefe Zufriedenheit und Sorglosigkeit aus. Dann schlich ich mich aus dem Zimmer. Mein eigenes Bett empfing mich kalt, die Laken mussten erst wieder von mir gewärmt werden. Aber das gerade Erlebte durchströmte mich wie ein milder Sommertag.

Die Liebe zu meiner Tochter hatte ich seit dem Tag gespürt, an dem ich erfahren habe, dass sie in mir heranwächst. Seitdem wurde sie immer stärker und intensiver. Meist vermischte sie sich mit Fürsorglichkeit und Sorge um sie. Aber in dieser Nacht spürte ich diese Liebe zu ihr in einer nie zuvor da gewesenen Weise. Ich starrte in die Dunkelheit des Zimmers, bewegte das Erlebte in mir und versuchte mich krampfhaft an diesem Glückstaumel festzuhalten, aus Angst, ihn zu verlieren und zu vergessen. Doch das geschah nicht. Auch heute noch erinnere ich mich an diese Nacht und an den Segen, der mir in ihr zuteilwurde: Gott hatte mir eine winzig, winzig, winzig kleine Ahnung davon geschenkt, welch reine Liebe er für uns, seine Kinder, empfindet. Und ich bin mir sicher, dass ich nicht allein damit bin, dass dies kein Exklusivgeschehen war, sondern dass viele andere diese Ergriffenheit, diesen flüchtigen Augenblick der vollkommenen Liebe Gottes bereits erlebt haben und in sich tragen. Und weil Gott uns so unterschiedlich und einzigartig geschaffen hat, offenbart er sich ebenso unterschiedlich und einzigartig. Mir offenbart er sich oft durch sein von Liebe übersprudelndes Vaterherz. Dieses Erlebnis, mein Erlebnis, hat mich aufhorchen lassen und ich habe mir die Frage gestellt: Was möchte Gott mich durch mein Kind lehren?

> **„Ich bin zur Ruhe gekommen, mein Herz ist zufrieden und still. Wie ein kleines Kind in den Armen seiner Mutter, so ruhig und geborgen bin ich bei dir!"**
> Psalm 131,2

Seit dieser Nacht sind 13 Jahre vergangen. Mein Mann und ich haben zwei herzinspirierende Töchter, die uns geholfen haben, Gott immer besser kennenzulernen. Die Beziehung zu unseren Kindern ist ein – natürlich unvollkommener und nahezu stümperhaft fragmentarischer – Spiegel der Beziehung, die Gott zu uns, seinen Kindern, hat. Trotzdem fühlen wir uns als Eltern von Gott mit einer Ahnung beschenkt, wie

Gott als Vater ist und wie wichtig wir ihm sind. Wir dürfen unsere Sicht korrigieren und unser Gottesbild erweitern. Aus diesem veränderten Blickwinkel heraus können wir das Leben gestalten und lernen, uns auch selbst und unseren Nächsten besser zu sehen, anzunehmen und zu lieben.

Und so habe ich immer Ausschau gehalten und nach Spuren der Liebe Gottes in unserem Familienalltag gesucht. Ein paar von diesen Erlebnissen aus diesen Jahren habe ich aufgeschrieben und sie in diesem Buch gebündelt. Es sind jene Geschehnisse, die mich kurz innehalten ließen, um zu staunen über einen Vater im Himmel, der mich auch in meinem unglamourösen und oft auch nicht besonders geistlichen Alltag sieht. Es sind jene Begebenheiten, in denen Gott mich unmittelbar aus seiner unermesslichen Gnade heraus erkennen ließ, welch wertvolle und tiefe Erkenntnis er mir darin für meine persönliche Beziehung zu ihm geschenkt hatte. Ob die Geschichten in der vorgegebenen Reihenfolge gelesen werden oder im oftmals vollen Familienalltag als einzelne, kleine Oasen dienen, dürfen Leserinnen und Leser gerne selbst entscheiden. Vielleicht erkennt die eine oder der andere so manche Situation wieder. Und vielleicht weitet es den Blick für persönliche Alltagserlebnisse, die möglicherweise doch nicht so alltäglich sind, wie sie erscheinen, die mehr von Gottes Vaterherz enthalten, als wir uns wahrscheinlich vorstellen können.

Einfach Kind sein

„Das Herz bleibt ein Kind."
Theodor Fontane

Da lag nun dieses winzige Knäuel Menschlein wieder selig schlafend in seinem Bettchen und ich konnte einfach nicht aufhören, es anzusehen. Es war einfach perfekt. Die Schönheit überwältigte mich immer wieder von Neuem. Tief in mir zerrte ein noch neues Gefühl an meinem Herzen und schenkte mir eine wohlige, kribbelige Zufriedenheit. Dazu kam das befriedigende Wissen, eine ehrenwerte Aufgabe zu haben: die Fürsorge für dieses neugeborene Erdenkind. Mir war bewusst, dass es ohne Zuwendung nicht überleben könnte.

Ein Baby ist völlig hilflos. Theoretisch hatte ich das natürlich gewusst. Doch dies nun als Mutter zu erleben, war etwas völlig anderes. Unsere Töchter waren zu Beginn noch nicht einmal in der Lage, ihre Köpfchen selbstständig zu halten, ohne dass sie wie eine verwelkte Blume zur Seite knickten. Sie waren darauf angewiesen, dass mein Mann und ich sie ernährten, wickelten, wuschen und ihnen sogar beim Aufstoßen halfen. Sie gierten geradezu nach körperlicher Nähe und Aufmerksamkeit. Wenn sie weinten, beruhigten wir sie und versuchten herauszufinden, was ihnen fehlte. Viele Nächte schaukelten wir sie durch das Zimmer. Wir beseitigten Windelinhalte, wofür eigentlich der

Kampfmittelräumdienst zuständig gewesen wäre. Wir wurden angespuckt und auch mal vollgepinkelt. Wir passten unseren Tagesablauf an ihre Bedürfnisse an und aßen erst, wenn sie satt und zufrieden waren. Wenn sie schliefen, schlichen wir durch unser Haus und unterhielten uns lediglich flüsternd. Wir wuschen enorme Wäscheberge, nicht nur ihre Kleidung, sondern auch unsere eigene, da es kaum noch ein Kleidungsstück ohne Babykotze oder Babyspucke gab. Außerdem kauften wir Windeln gefühlt im Wert eines Kleinwagens.

Und unsere Babytöchter? Sie nahmen unsere Pflege, Fürsorge und Liebe einfach bedenkenlos, ja geradezu naiv, an. Sie haben sich bestimmt nie darüber den Kopf zerbrochen, wie sie es „wiedergutmachen" könnten oder welche Gegenleistung wir Eltern wohl verlangen würden. Ich bin mir ziemlich sicher, dass sie niemals einen einzigen Gedanken daran verschwendet haben, ob sie überhaupt ein Anrecht auf unsere Liebe und Fürsorge hätten oder sie dieser wert wären, geschweige denn, ob sie uns überhaupt bräuchten. Genauso sicher bin ich mir darüber, dass sie sich nicht schuldig fühlten, wenn mein Mann und ich uns ständig um sie kümmerten. Denn selbst wenn wie schliefen, kreisten unsere Gedanken um ihr Wohlbefinden. Für uns Eltern war es einfach selbstverständlich. Sie waren unsere Töchter und von überschäumender Liebe sehnlichst gewollt. Keinen einzigen Moment zweifelten wir daran, ob sie unsere Obhut überhaupt verdienten.

Wie lächerlich diese Gedanken klingen! Und doch dachte ich oftmals genauso über die Beziehung zu meinem himmlischen Vater. Anstatt mir bewusst zu sein, dass ich sein unendlich geliebtes Kind bin – sorgfältig gestaltet, sehnsüchtig erwartet und aufopferungsvoll errettet –, fragte ich mich, ob ich seine allumfassende Wertschätzung und Liebe überhaupt verdient hatte.

> „Der HERR wird nicht zulassen, dass du fällst;
> er, dein Beschützer, schläft nicht. Ja, der Beschützer
> Israels schläft und schlummert nicht. Der HERR gibt
> auf dich acht; er steht dir zur Seite und bietet dir Schutz
> vor drohenden Gefahren. Tagsüber wird dich die Sonnenglut
> nicht verbrennen, und in der Nacht wird der Mond dir
> nicht schaden. Der HERR schützt dich vor allem Unheil,
> er bewahrt dein Leben. Er gibt auf dich acht,
> wenn du aus dem Haus gehst und wenn du wieder
> heimkehrst. Jetzt und für immer steht er dir bei!"
> Psalm 121,3-8

Ich bin hilflos in dieser Welt. Auch wenn ich früher der Meinung gewesen war, dass ich mein Leben schon irgendwie alleine auf die Reihe kriegen würde, dass ich keinen Gott dafür bräuchte, lehrte mich die Erfahrung etwas anderes. Ich bin von der Fürsorge meines himmlischen Vaters abhängig, ich brauche seine Liebe und Gnade. Er versorgt mich mit allem Nötigen. Er stützt mich, wenn ich zu schwach bin, hält mich, wenn ich verzweifelt bin, und tröstet mich, wenn ich traurig bin. Und um den Mist, den ich baue, hat er sich längst schon gekümmert, auch wenn es ihn alles gekostet hat. Darüber bin ich nicht verbittert, sondern unendlich dankbar und glücklich. Wo, wenn nicht bei Gott, erfahre ich tiefste Geborgenheit? Mit leeren Händen darf ich aus seiner unendlichen Gnadenquelle schöpfen. Nun bin ich vollkommen, weil Gott mich sein Kind nennt.

> „Du bist mein Gott, seitdem mein Leben begann.
> Seit der Stunde meiner Geburt bin ich auf dich
> angewiesen." Psalm 22,11

Während ich wieder einmal das kleine Baby in der Wiege betrachtete, über seine unglaubliche Perfektion staunte und nicht aufhören konnte, es anzusehen, hielt ich mir also vor Augen, wie absurd meine Bedenken gegenüber meiner eigenen Gotteskindschaft waren. Stattdessen vergegenwärtigte ich mir, dass auch Gott mich voller Liebe anschaute und mir zuflüsterte: „Du bist es wert!"

Die Zusage

„Unauslöschlich habe ich deinen Namen
auf meine Handflächen geschrieben,
deine Mauern habe ich ständig vor Augen!"
Jesaja 49,16

Während meines Stöberns in einem christlichen Buchladen
fiel mir eine Postkarte ins Auge. Auf pflaumenlila Untergrund
stand in schlichter weißer Schrift: „Du bist gewollt, geliebt,
geadelt – Gott". Auf dem „e" des „geadelt" prangte ein kleines Krönchen. Dieser ermutigende Zuspruch gefiel mir so
gut, dass ich zwei dieser Karten kaufte. Daheim legte ich sie in
weiße Bilderrahmen und klebte sie an die Zimmertüren meiner Töchter, die beide zu dieser Zeit noch sehr klein waren
und somit weit davon entfernt, diese lesen zu können. Aber
mir gefiel einfach die Vorstellung, dass dieses wunderschöne
Versprechen Gottes meine Töchter in ihrem Aufwachsen begleitet, auch wenn es noch dauern würde, bis sie etwas damit
anfangen konnten.

Die Mädchen wurden älter und im Laufe der Jahre gesellte
sich das ein oder andere Ausstellungsstück hinzu, das jeweils
mit einer großzügigen Menge Klebestreifen von den beiden
an die Türen geklebt wurde: selbst gemalte Bilder, mit einem
variablen Anteil von Glitzerpulver versehen, Poster von Tieren, Filmen oder mit Sinnsprüchen, Fotos von Familie und

Freunden oder Ansichtskarten von schönen Stränden oder Berglandschaften. Immer wieder veränderte sich das Outfit der Türen je nach Stimmung, Dekorationsschub, Bastelintensität und Entwicklungsphase. Und jede Zimmertür war dabei auf ihre ganz individuelle Weise von ihrer Bewohnerin gestaltet. Daher wirkte „meine" Karte zeitweilen etwas verloren inmitten des kreativen Tohuwabohus.

Irgendwann kam ich an den Zimmern meiner Töchter vorbei, als beide vor ihren Türen standen, die Stirnen nachdenklich in tiefe Grübelfalten gelegt. Mittlerweile besuchten sie die erste und dritte Klasse der Grundschule und waren mehr oder weniger des Lesens mächtig. Sie fragten mich, was dieser Satz auf der gerahmten Karte bedeutete. Ich versuchte es ihnen, mit meinen plumpen Worten, so einfach wie möglich zu erklären. Ich sagte, dass wir aus Gottes übersprudelnder Liebe heraus gemacht worden sind, weil er sich so sehr nach uns gesehnt hat. Und weil Gott der König über alles ist und wir seine Kinder, sind wir Königskinder, also adlig. In den Köpfen meiner Mädels arbeitete es sichtlich. Plötzlich erhellte ein Strahlen das Gesicht meiner einen Tochter, ihre Augen leuchteten vor Begeisterung und es sprudelte aus ihr heraus: „Dann bin ich ja eine Prinzessin!" Ihre Schwester kommentierte diese Erkenntnis mit einem: „Cool!" Dann verschwanden sie fröhlich in ihren Zimmern. Ich hörte sie in ihren Verkleidungskisten kramen und hatte eine ziemlich genaue Vorstellung davon, wonach sie gerade suchten.

Ich stand nun alleine vor ihren Zimmertüren und betrachtete die bunten und chaotischen Collagen. Unmittelbar gingen meine Gedanken auf Reisen. Ich dachte an den Moment zurück, als ich mein Leben in Gottes Hände gegeben und wie er mir dann zugesprochen hatte: „Du bist gewollt, geliebt, geadelt." Diese Anerkennung steht fest und ist sicher, nichts kann an seiner Liebe zu mir rütteln und niemand kann mir diese von Gott zugesprochene Würde nehmen. Das ist meine Basis, mein Fundament, mein Mittelpunkt. Leider merke ich oft nicht, wie viel anderes „Zeug" sich nach und nach neben dieser eingerahmten Präambel anhäuft. Da sind die wundervollen Seiten des Lebens, die ich feiere und über die ich mich so sehr freue. Die ich in vollen Zügen genieße und schätze und die ich mit Glitzerkleber auf meiner Lebensgrundlage anhefte. Schnell kann es allerdings passieren, dass ich ihnen einen unrecht- und unverhältnismäßigen Stellenwert zuspreche. Dann vergesse ich, dass meine Herzensfreuden königliche Geschenke sind, die mir gnädig und unverdient zuteilwerden. Wie oft nehme ich dieses Glück allzu selbstverständlich an und versäume, dankbar zu sein? Darüber hinaus klebe ich ebenfalls die beklemmenden Andenken des Lebens dazu: den Alltag, dessen Mühlen zermürbend sein können, die Sorgen, die das Leben mit sich bringt, das unabsichtliche Verschieben der eigenen Wertvorstellungen, die einschleichende Trägheit des Herzens, das Setzen auf falsche Hoffnungen, das Gefangensein in melancholischen Erinnerungen oder das Verfolgen falscher Sehnsüchte. Meine „Lebenstür" wird mit der Zeit immer voller mit selbst gebastelten Ängsten und Kümmernissen, mit Souvenirs aus bedrückenden oder glückseligen Augenblicken oder mit Postern von trügerischen Idealen und Leitbildern. Irgendwann ist die Tür so zugekleistert, dass ich Gottes Zusage ganz leicht übersehe. Die überfrachteten Zimmertüren meiner Töchter führten mir das ganz klar vor Augen. Ich begriff, dass es unaufhörlich notwendig ist, Gott

Ordnung schaffen zu lassen. Ich selbst darf zum Kreuz kommen und ihm meinen Krempel bringen. Er hilft mir dabei, aufzuräumen: Schädliche Denkmäler und Vorstellungen werden eingerissen und entsorgt, glückselige Momente und seelenstreichelnde Erinnerungsstücke in dankbarer Haltung an ihren eigentlichen Platz gestellt. Dann endlich sehe ich wieder klar und deutlich, was schon von jeher da gewesen ist:

> **„Denn Gott hat uns versprochen: ‚Ich lasse dich nicht im Stich, nie wende ich mich von dir ab.'"** Hebräer 13,5b

Die Postkarten an den Zimmertüren meiner Töchter erinnern mich an Gottes Zusage und daran, wer ich wirklich bin. Es ist wie ein kleines „Vergiss das nie!" von Gott. Egal, was mein Gemütszustand mir einredet, ob ich entmutigt oder erschöpft bin oder mich wertlos fühle und sich mein Selbstbewusstsein in die verborgenste Ecke meines Wesens zurückgezogen hat. Das ein oder andere Mal schon haben diese vier kleinen Worte meinen Blick auf mich selbst korrigiert, mich getröstet und daran erinnert, dass ich Gottes Tochter bin.

Viele Jahre später unterzogen meine Mädels ihre Zimmer einer Grundreinigung. Vieles wurde umgestaltet, ausgemistet und entsorgt. Im Zuge dieser Aktion entfernten sie sämtliche Aushänge an ihren Zimmertüren. Außer den Bilderrahmen mit den Postkarten. Ich weiß nicht, warum, denn ich habe ihnen nie gesagt, dass diese hängen bleiben müssten. Vielleicht war es aus Gewohnheit, habe ich gedacht, weil sie nun bereits seit mehr als einem Jahrzehnt dort hingen. Jedoch hat das meine Töchter auch nicht davon abgehalten, die schnörkeligen Buchstaben ihrer Namen nun nach ebenso langer Zeit abzunehmen. Möglicherweise sprach dieser kurze Zuspruch meine Töchter auf irgendeine Weise wahrhaftig an. Es machte auf mich den Anschein, dass er etwas in ihnen anrührte, das sie selbst noch nicht wirklich greifen konnten. Eigentlich hatte ich diese Karten damals im Buchladen nicht für mich selbst aufgeklebt. Sie hingen dort auch in der Hoffnung, dass meine Mädels, wenn sie dann lesen konnten, beim Eintreten in ihr Zimmer diese beflügelnde Zusicherung vor Augen haben. Mein Gebet ist, dass sie eines Tages verstehen, was diese wunderschöne Zusage bedeutet. Ich hoffe, dass sie den unmessbaren Schatz in Jesus erkennen und ihn einladen, nachdem er wortwörtlich ein Leben lang an ihre Tür geklopft hat, in ihren Herzen zu wohnen. Mein sehnlichster Wunsch ist es, dass sie irgendwann eintauchen in die grenzenlose Liebe und Gnade ihres himmlischen Vaters und Töchter Gottes sein werden.

Das einstige Lila der Postkarte ist verblichen und einem sanfteren Fliederton gewichen. Die Zusage steht aber nach wie vor und ganz klar fest: Du bist gewollt, geliebt, geadelt – Gott.

„Denn ich bin ganz sicher: Weder Tod noch Leben, weder Engel noch Dämonen, weder Gegenwärtiges noch Zukünftiges noch irgendwelche Gewalten, weder Hohes noch Tiefes oder sonst irgendetwas auf der Welt können uns von der Liebe Gottes trennen, die er uns ins Jesus Christus, unserem Herrn, schenkt." Römer 8,38-39

Der Preis

„Mit scharfem Blick,
nach Kennerweise,
Seh ich zunächst mal nach dem Preise,
Und bei genauerer Betrachtung
Steigt mit dem Preise auch die Achtung."
Wilhelm Busch

Es war Karfreitag und wieder einmal wurde mir Jesus' Leidensgeschichte in unserem Gottesdienst deutlich vor Augen gemalt. Wieder einmal war ich gedanklich am Tisch mit den Jüngern und betrachtete Jesus' Hände, wie sie das Brot brachen. Wieder einmal begleitete ich ihn in den Garten Gethsemane, beobachtete seine Verurteilung und versuchte den Blick nicht abzuwenden von seinem geschundenen Körper, der schließlich ans Kreuz geschlagen wurde. Und wieder einmal saß ich im Gottesdienst und fühlte mich schuldig. Denn wieder einmal quälte mich die Frage, ob ich wirklich verstanden hatte, welchen Preis Jesus tatsächlich für mich bezahlt hatte.

Seit ich mich mit sechzehn Jahren in Jesus verliebt hatte, beschäftigte mich dieser Gedanke. Ich zweifelte nicht daran, dass mir meine Sünden vergeben worden waren. Doch hatte ich das wirklich begriffen? War ich würdig? Nahm ich Jesus' Vergebung zu leichtfertig an oder gar auf die leichte Schulter?

Verstand ich, was es Jesus tatsächlich gekostet hatte, oder tat ich seine Gnade zu billig ab?

> **„Denn Christus hat unsere Sünden, ja, die Sünden der ganzen Welt auf sich genommen; er hat sie gesühnt."**
>
> 1. Johannes 2,2

Wenn ich diesen Vers aus Johannes las, wurde mir fast schwindelig. Schon allein der Gedanke an meine eigene Schuld machte mir schwer zu schaffen und ließ meine Schamgefühle Granitfelsen schleppen. Und dabei konnte ich noch nicht einmal ansatzweise erahnen, wie sehr Gott die Sünde tatsächlich hasst, wie sehr er sie verabscheut. Ein Gott, der so heilig ist, dass er die Nähe zur Sünde nicht erdulden will, nicht erdulden kann, weil es nichts gibt, was seinem Wesen mehr widerspricht. Wie zwei Pole eines Magneten, die sich stets abstoßen. Und dieser Gott, Jesus, hat nicht nur meine Sünde auf sich genommen, sondern die Sünden der ganzen Welt. Welch unermesslicher und unbändiger Wille muss dafür nötig gewesen sein? Der sündlose Gott, dem die Sünde so sehr zuwider ist, beladen mit ebendieser – ein maßloser Kraftakt der perfekten Vollkommenheit, der im finstersten Moment der Ewigkeit mündete: *„Mein Gott, mein Gott, warum hast du mich verlassen?"* (Matthäus 27,46). Wegen uns, wegen mir. Und ich hatte das Gefühl, dass ich verstandesmäßig nicht in der Lage war zu verstehen, wie hoch dieser Preis war, den Jesus am Kreuz gezahlt hat. Es überstieg mein Vorstellungsvermögen. Gleich würden wir als Gemeinde gemeinsam das Abendmahl feiern. Und wieder fragte ich mich, ob ich in angemessener Weise daran teilnehmen konnte oder ob ich vielleicht viel zu gering über Jesus' Opfer dachte.

„Ein' Euro bitte!" Wie aus dem Nichts kam mir plötzlich eine Begebenheit aus der letzten Woche in den Sinn. Meine zweijährige Tochter hatte mir ihre ausgestreckte Hand entgegengehalten. Daraufhin hatte ich mit einer Plastikmünze gezahlt und mich über das Schnäppchen gefreut. Immerhin hatte ich gerade einen Wocheneinkauf für eine Großfamilie erstanden. Meine Töchter hatten ihr Kinderzimmer zu einem Supermarkt umgebaut und selbstverständlich hatte ich dort einkaufen kommen müssen. Meine Tochter hatte dann auf den Plastiktasten ihrer kleinen Kasse herumgetippt, die Schublade geöffnet und mir einen Papierschein zurückgegeben.

„Das bekommst du noch wieder." Vollbepackt hatte ich das Geschäft verlassen. Jetzt hatte Papa einkaufen kommen dürfen. Leider war er ein Opfer der im Sekundentakt steigenden Inflation geworden. Zusätzlich hatte nun die vierjährige Chefin die Kasse übernommen. So hatte er für einen Flummi und eine angekaute Plastikbanane 500 Euro abdrücken müssen. Trotzdem hatte er, ohne zu murren, bezahlt, auch wenn ich nicht umhingekommen war, seinen neidischen Blick auf meinen erstandenen Einkaufsberg zu bemerken. Doch weder er noch ich hatten unsere Töchter wegen ihrer vollkommen falschen Preisvorstellungen korrigiert. Es störte uns in keiner Weise. Sie waren einfach noch viel zu klein, um das zu verstehen.

Für sie waren es nur Zahlen und Gegenstände, die in keinerlei Verhältnis zueinanderstanden. Oft amüsierten wir uns über ihre spannenden Schätzungen, die meistens von ihren persönlichen Vorlieben abzuhängen schienen. So waren sie der Überzeugung, dass unser Haus „bestimmt 1.000 Euro" teuer war und der riesige bunte Lutscher, weil er ja so lecker aussah,

50 Euro kosten müsste, also im Übrigen genauso viel wie unser Auto. Keine dieser Kalküle kränkten mich in irgendeiner Weise und niemals dachte ich, dass meine Töchter irgendetwas davon nicht wertschätzen würden. Denn ich wusste, dass sie es nicht begreifen konnten. Sie waren einfach noch nicht in der Lage dazu. Ihnen fehlten das nötige Verständnis und die praktische Erfahrung. Sie hatten noch keinerlei Gefühl für Größen, Geld war für sie etwas vollkommen Abstraktes. Ihr Denkvermögen war noch nicht so weit. Sie nannten eine Zahl, die für sie schon unwahrscheinlich hoch erschien. Aber das fand ich nicht schlimm und nie dachte ich, dass sie dies in böser Absicht täten. Sie mussten es nicht verstehen. Sie waren meine Kinder und ich sorgte für sie, egal, ob sie tatsächlich verstanden, was es mich kostete.

Noch wohlig eingehüllt in diese Erinnerung wurde mir klar, dass ich zu meinen Lebzeiten nicht verstehen werde, wie hoch der Preis tatsächlich gewesen war, den Jesus für meine Erlösung gezahlt hatte. Jedoch wurde mit ebenfalls klar, dass dies nicht von Bedeutung ist. Denn Gott, mein Vater, hat es für mich, seine Tochter, getan. Aus Liebe, Fürsorge und einer tiefen Sehnsucht nach mir. Und er erwartet nicht, dass ich das ganze Ausmaß seiner Hingabe jetzt schon begreife. Er weiß, dass ich jetzt noch gar nicht dazu in der Lage bin, sondern erst in der Ewigkeit, wenn meine Augen für das Wahrhaftige vom irdischen Schleier befreit sein werden. Ich verstand nun: Wir werden niemals würdig sein. Wir leben von Gottes Gnade, einem Geschenk, das so groß ist, dass wir es nur mit leeren Händen annehmen und dessen wahre Dimension wir vorerst nur erahnen können.

„Eure Schuld und alle eure Sünden habe ich euch vergeben.
Sie sind verschwunden wie Wolken,
wie Nebelschwaden in der Sonne.
Kommt zurück zu mir, denn ich habe euch erlöst!"
Jesaja 44,22

Wieder einmal war Karfreitag. Wieder einmal nahm ich Brot und Wein entgegen. Wieder einmal machte ich mir bewusst, was Jesus für mich getan hatte. Doch dieses Mal nahm ich es sorglos und ohne Scheu an. In tiefer Dankbarkeit und Hingabe.

Jesus' Mutter

„Doch Gott antwortet: ‚Kann eine Mutter
ihren Säugling vergessen? Bringt sie es übers Herz,
das Neugeborene seinem Schicksal zu überlassen?
Und selbst wenn sie es vergessen würde –
ich vergesse dich niemals!'" Jesaja 49,15

Ich frage mich manchmal, wie es Maria wohl in der Zeit nach der Geburt von Jesus erging und welche Gedanken sie sich machte. Das lebensaufwühlende Ereignis der Geburt war ihr noch ganz nah, wahrscheinlich hallten sogar die Worte des Engels in ihren Ohren nach.

**„Sei gegrüßt, Maria! Der Herr ist mit dir! Er hat dich
unter allen Frauen auserwählt."** Lukas 1,28

Nun hielt sie den Schöpfer des Himmels und der Erde in ihren Armen, wiegte ihn in den Schlaf und küsste ihm die Tränen fort. Die ganz normale Gefühlswelt einer Mutter brach über sie herein. Ihr Auserwähltsein hatte nicht mit Jesus' Geburt aufgehört. Sie war von Gott ebenfalls dazu erwählt worden, Jesus' Mutter zu sein mit aller Liebe und Fürsorge, aber auch mit allen Herausforderungen, Ängsten und Sorgen.

Die Erinnerung an meinen ersten Tag als Mama verschwimmt zwar langsam, ist aber nach wie vor lebendig. Von einer Sekunde auf die andere war das Leben ein anderes gewesen. Ich hatte damals das Gefühl gehabt, dass mir nicht nur ein neues Lebewesen geschenkt worden war. Ebenso hatte ich einen komplett neuen emotionalen Bausatz dazubekommen. Im selben Moment, als das winzige Mädchen auf meine erschöpfte und nass verschwitzte Brust gelegt worden war, war ich mir sicher gewesen: Für sie würde ich mein Leben geben – ohne zu zögern! Niemals mehr hatte ich mich dem Geheimnis des Lebens näher gefühlt und Gott, den Vater seiner Kinder, besser verstehen können. Meine Liebe für das kleine Bündel Mensch war überwältigend gewesen, doch ebenso die Sorgen und Ängste. Sie trieben mich nachts ans Bettchen des Säuglings, wo ich ihm den Finger unter die kleine Nase hielt und hoffte, dass er feucht von der kondensierten Atemluft der friedlich Schlummernden wurde. Der Säuglingsschlaf wirkte auf mich so regungslos, dass er dem Tod ähnelte, und der Grat erschien mir niemals mehr im Leben schmaler. Bei meiner nächsten Tochter war es dann nicht anders, die Unruhe war nicht zur Routine geworden. So liebe und weine, verzehre und bange ich auch heute noch um diese einst winzigen Wesen, die seit dem Tag ihrer Geburt immer ein Teil von mir sein werden.

Ich habe das Gefühl, dass ich bis dahin nicht wirklich gewusst hatte, was Angst bedeutet. Die Welt verliert spätestens mit der Geburt eines Kindes ihre Unschuld und wird zu einem Ort voller Schrecken. Und plötzlich sehe ich so manches Unrecht auf unserer Welt, dass ich fast schon gleichgültig hingenommen und akzeptiert hatte, ganz neu und erzittere dadurch. Als zum Beispiel unsere Kinder drei und fünf Jahre alt waren, reisten wir durch Portugal. Ein Moment unserer Reise ist mir noch sehr deutlich in Erinnerung. Wir waren mit dem

Mietwagen unterwegs und beobachteten die Orangenverkäufer am Straßenrand, die mit ihrer Arbeit begannen und ihre in der Sonne leuchtenden Produkte anpriesen. Doch nicht nur die Verkäufer boten ihre Ware feil. Immer wieder trafen wir auf sehr spärlich bekleidete Frauen, die im Schatten eines verdorrten Strauches auf einem Plastikstuhl in der glühenden Sonne auf Kundschaft warteten. Immer wieder machten diese Szenen mich unendlich traurig. Unsere Töchter saßen auf der Rückbank und freuten sich über die Unmengen an orangenen Früchten, die kunstvoll zu spektakulären Türmen aufgebaut waren. Die Frauen mit ihren Plastikstühlen bemerkten sie nicht. Falls doch, hatten sie sich überhaupt nichts dabei gedacht. Doch irgendwann werden diese Fragen kommen. Dann werde ich mit ihnen über dieses und noch andere Themen, wie zum Beispiel Krieg, Rassismus oder Missbrauch, sprechen müssen. Über Dinge, von denen ich mir wünschte, dass es gar nicht notwendig wäre, sie den Kindern erklären zu müssen. Wie gerne würde ich meine Kinder davor schützen, wie gerne sie davon fernhalten und ihnen ununterbrochen Warnungen hinterherrufen. Ich wünschte, ich könnte ihnen die Welt zu Füßen legen und alles Glück der Welt für sie pachten. Nichts darf ihnen jemals zustoßen, kein Härchen gekrümmt, keine unnötige Träne entlockt werden. Ich wünschte, ich wünschte, ich wünschte.

Wie erging es also Maria? Das Leben zurück zu Hause war bestimmt nicht besonders leicht gewesen. Für ihre Nachbarn war sie immer noch das Mädchen, das unverheiratet schwanger geworden war, eine vermeintlich freizügige Frau, die das Getuschel hinter ihrem Rücken nun auch mit ihrem Sohn auf dem Arm ertragen musste.

> **„Er wird mächtig sein, und man wird ihn
> Sohn des Höchsten nennen. Gott, der Herr, wird ihm die
> Königsherrschaft seines Stammvaters David übergeben, und
> er wird die Nachkommen von Jakob für immer regieren.
> Seine Herrschaft wird niemals enden."** Lukas 1,32-33

Das hatte der Engel zu ihr gesagt. Ob Maria erahnen konnte, was das bedeuten würde? Dass ihr Sohn Blinde sehend und Lahme gehend machen würde, dass er Wasser in Wein verwandeln und einen Sturm mit nur einem Wort stillen konnte? Dass er Tote wieder lebendig machte? Ob ihr schon damals bewusst gewesen war, dass das Baby in ihren Armen einmal der Retter dieser Welt, ja, sogar ihr persönlicher Retter werden würde? Dass dies aber auch bedeutete, dass er das Kreuz auf sich nehmen müsste, beladen mit den Sünden dieser Welt? War ihr klar, dass ihm ein schmachvoller Tod, verbunden mit unsäglichen Schmerzen, Verrat, Gespött und Einsamkeit, bevorstand? Dass alle Überzeugungen einer Mutter, ihr Kind vor allem Schlimmen bewahren zu wollen und ihr Leben für ihr Kind herzugeben, hier nicht gelten durften, sondern ins Gegenteil gekehrt werden mussten? Wusste sie bereits, dass sie ihn großzog, damit er sterben würde? Für die Menschen dieser Welt, für sie selbst?

Möglicherweise beschlich sie eine leise Vorahnung, als die Hirten ihr damals im Stall erzählten, was die Engel über ihr Kind gesagt hatten:

> **„Heute ist für euch in der Stadt, in der schon David geboren
> wurde, der versprochene Retter zur Welt gekommen.
> Es ist Christus, der Herr."** Lukas 2,11

Es ist denkbar, dass sie sich, wie fast alle Eltern dieser Welt, Gedanken darüber machte, was das für die Zukunft des Kindes in ihren Armen bedeuten mochte. Vielleicht dachte sie darüber nach, wie das möglich und was dazu nötig sein würde, damit sich die Prophezeiung der Engel erfüllen konnte. Vielleicht hatte sie da bereits eine Ahnung gehegt. Vielleicht aber auch nicht. Wenn sie diese Befürchtungen hatte, wird sie diese beiseitegeschoben haben. Denn in erster Linie war sie erst einmal eines: Jesus' Mutter. Von Gott auserwählt.

Ist doch meins

> „Er hat alles schön gemacht zu seiner Zeit, auch hat er
> die Ewigkeit in ihr Herz gelegt; nur dass der Mensch
> nicht ergründen kann das Werk, das Gott tut,
> weder Anfang noch Ende." Prediger 3,11 (LUT)

Ich weiß nicht, woher das Vorurteil stammt, dass Jungs wilder und aufbrausender seien als Mädchen. Manchmal wünschte ich mir, dieses Klischee würde stimmen. Dann wäre es vielleicht etwas ruhiger bei uns zu Hause, oder ordentlicher. Vielleicht müsste ich dann nicht ständig waschen. Vielleicht müsste ich dann nicht die Großpackung Pflaster kaufen und immer Kühlpacks im Kühlschrank bereitliegen haben. Vielleicht müsste ich nicht eine Tochter davon abhalten, sich nur mit einem Springseil um den Bauch gebunden, das andere Ende am Kletterturm befestigt, von ebendiesem herabzustürzen. Und vielleicht würden unsere Spielsachen und Spielgeräte dann auch länger halten. Doch es muss sie geben, diese Kinder, die pfleglich mit ihren Sachen umgehen. Anders kann ich mir nicht erklären, dass wir so viel gut erhaltenes Spielzeug (und sogar Hosen ohne Löcher und Bilderbücher ohne Eselsohren!) gebraucht kaufen können.

Als unsere Mädels noch im Kindergarten waren, schenkte unsere Nachbarin ihnen eine Zaubermaltafel, die zehn Jahre im Besitz ihrer Tochter gewesen war. Trotzdem sah sie aus, als wäre sie frisch aus der Fabrik gekommen. Selbst die Stempelfiguren waren vollständig. Meine Töchter freuten sich sehr darüber und begannen sofort damit zu malen und zu zeichnen. Ein paar Stunden später fiel mir die Tafel wieder in die Hand. Die Malfläche war über und über mit kleinen Vertiefungen übersäht. Es sah so aus, als hätten sie mit dem Stift darauf herumgehämmert. Meine Töchter erklärten mir, dass die Tafel doch nun viel schöner aussähe. Trotzdem tadelte ich die Mädels. Mein Mann und ich möchten, dass unsere Kinder pfleglich mit ihren Sachen umgehen. Es kann schon mal etwas im Eifer des Gefechts kaputtgehen, darum geht es uns nicht. Auch nicht darum, dass materielle Dinge wesentlich oder bedeutungsvoll in unserem Leben sind. Uns ist aber wichtig, dass die Kinder verstehen, dass unser Besitz keine Selbstverständlichkeit ist.

Je älter sie werden, desto tiefgehender werden unsere Gespräche darüber. Nun beziehen wir ebenfalls die Themen Verschwendung und Nachhaltigkeit mit ein. Dabei stehen zwei Leitgedanken im Mittelpunkt: Achtsamkeit und Dankbarkeit. Achtsam sein mit meiner Umgebung und achtsam sein mit dem, was ich konsumiere. Mich hinterfragen, abwägen und auch mal verzichten. Gott hat uns eine vollkommene Erde anvertraut und er liebt das Leben und seine Schöpfung. Deshalb dürfen wir dankbar sein. Dankbar für die Wunder, an denen er uns teilhaben lässt.

„Schließlich betrachtete Gott alles,
was er geschaffen hatte, und es war sehr gut!"
1. Mose 1,31

Das Thema ist nicht einfach und es vergeht kein Monat, in dem wir nicht darüber sprechen. Immer wieder sagen wir unseren Kindern, dass sie sorgsam mit ihren Dingen sein sollen. Wir führten das Gespräch, als sie noch im Kindergarten waren, dann später in der Grundschule und auch jetzt noch, wo sie auf der weiterführenden Schule sind. Die Diskussionen wiederholen sich, der Gegenstand der Handlung ist dabei austauschbar:

„Bitte hör auf damit! Wenn du so weitermachst, geht es noch kaputt."

„Ist doch meine Sache – ich kann damit machen, was ich will! Außerdem kann man doch ein Neues kaufen."

„Ich mach das aber nicht!"

„Dann bezahle ich das eben selbst."

Glücklicherweise gibt es meistens dann doch ein Einsehen. Denn so manche Teile könnten sie sich sowieso nicht von ihrem kleinen Taschengeld leisten.

Diese Dialoge halten mir aber auch immer wieder den Spiegel vor. Auch ich selbst muss mich hinterfragen, denn auch ich habe eine Verantwortung. Wir Eltern kaufen unseren Kindern die Sachen und möchten, dass sie sorgfältig damit umgehen. Mein himmlischer Vater hat uns eine unglaubliche, wundersame Welt geschaffen, mit allem, was wir zum Leben brauchen. Er hat sie uns anvertraut.

> **„Gott, der HERR, brachte den Menschen in den Garten von Eden. Er gab ihm die Aufgabe, den Garten zu bearbeiten und ihn zu bewahren."**
>
> 1. Mose 2,15

Jeder Einzelne hat eine Verantwortung. Es ist an mir, mit seinen Gaben sorgsam umzugehen und Gottes Auftrag, seine Schöpfung zu bewahren, ernst zu nehmen. Denn auch ich stehe manchmal wie ein bockiges Kind da und sage: „Ist doch meins – ich kann damit machen, was ich will!" Dann wertschätze ich die von Gott sorgsam gestalteten Geschenke an mich nicht. Die Kosten der Zerstörung würde ich jedenfalls nicht stemmen können. Doch viel wichtiger ist eigentlich, dass sie Gaben Gottes an seine Kinder sind. Diese Geschenke möchte ich in Ehren halten und sie nicht mit Füßen treten. Sie sind ein wunderschönes Zeichen seiner innigen Zuneigung zu uns und ich möchte den Schöpfer und seine Schöpfung achten und wertschätzen. Ich möchte staunen und mich daran erfreuen. Ich möchte dankbar sein und die Augen offen halten für eine Welt, die mir Gottes Liebe zu seinen Kindern aufzeigt.

„Ich blicke zum Himmel und sehe, was deine Hände geschaffen haben: den Mond und die Sterne – allen hast du ihren Platz zugewiesen. Was ist da schon der Mensch, dass du an ihn denkst? Wie klein und unbedeutend ist er, und doch kümmerst du dich um ihn. Du hast ihn nur wenig geringer gemacht als die Engel, ja, mit Ruhm und Ehre hast du ihn gekrönt. Du hast ihm den Auftrag gegeben, über deine Geschöpfe zu herrschen."

Psalm 8,4-7

Kleine Helfer

„Wenn du willst, dass Kinder mit den Füßen auf dem Boden bleiben, lege etwas Verantwortung auf ihre Schultern." Abigail Van Buren

Es hatte geschneit. Mitten im Sommer. Zu dieser Überzeugung hätte man kommen können, wenn man sich unseren Küchenboden ansah. Der dunkle Fliesenboden war von einer pudrigen weißen Schicht bedeckt, genauso wie die Arbeitsflächen. Hausschuhe verschiedenster Größen hatten Abdrücke ihrer Profile hinterlassen und zeugten davon, dass sich hier Menschen getummelt hatten. Leider würde dieser Schnee nicht so einfach wegtauen, sondern musste mühsam weggewischt werden. Der Schnee in unserer Küche bestand nicht aus gefrorenen Wassertropfen, sondern aus gemahlenem Korn. Es hatte Mehl geschneit.

Es war Wochenende und ich wollte ein paar Muffins backen. Meine Töchter kamen in die Küche und fragten, ob sie mithelfen dürften. Ich sagte Ja und freute mich, dass sie mir ihre Hilfe anboten. Die Mädels holten sich ihre kleinen Tritthocker, damit sie mit ihren drei und fünf Jahren überhaupt an die Arbeitsfläche heranreichten. Ich besorgte alles Nötige und gab ihnen einfache Anweisungen, die sie mit großem Eifer ausführten, nicht ohne sich zwischendurch zu streiten, wer denn nun was machen dürfte. Eier gingen zu Bruch, ohne dass deren Inhalt in der Backschüssel gelandet wäre, oder es flog mindestens die Hälfte der Schale in den Teig. Milchpfützen wurden zum Flussdelta und mäanderten gemächlich über die Küchenfronten hinab, Zuckerkristalle wurden knirschend unter meinen Füßen zu Puderzucker zertreten und ein ölig-glänzender Streifen, wie von einer Schnecke, die Butter statt Schleim abgesondert hatte, zog sich über die Arbeitsfläche. Dann reagierte ich einmal nicht schnell genug und bevor ich mich versah, hatte eine der beiden Mädels den Mixer in die volle Schüssel gesteckt, ihn auf Turbo gestellt und schon plusterte sich eine gewaltige Staubwolke über uns auf. Kurz darauf schneite es also in unserer Küche. Die hauchfeinen Mehlpartikel schwebten kurz in der Luft, rieselten dann behäbig zu Boden und bedeckten sanft Küche und Bäckerinnen. Alles sah so diesig aus wie auf den alten Projektorfilmen meines Vaters, die wir an kalten Wintertagen im abgedunkelten Wohnzimmer schauen. Ich meinte sogar, das typische Abspulgeratter hören zu können. Wir schafften es aber allen Umständen zum Trotz, einen geschmeidigen Teig anzurühren. Dreiviertel davon schaffte es dann auch tatsächlich in die Förmchen und ins heiße Backrohr. Der Rest landete auf der Arbeitsplatte, in Kinderhaaren, -gesichtern und natürlich in Kindermündern (– okay, ein oder zwei Finger voll auch im Mutterschlund). Während die Muffins backten, räumten wir gemeinsam das gröbste Durcheinander auf. Dann schickte ich meine Töchter zum Spielen, denn sie hatten die Lust schon längst verloren. Ich wusste, dass sie mir eigentlich hätten helfen sollen aufzuräumen und die Muffins fertigzustellen. Aber ich war auch froh, als ich mich dann um den Rest in Ruhe allein kümmern konnte.

Als ich die Obstschüssel samt Obst vom Mehlstaub befreite, musste ich daran denken, dass es für uns Eltern mühsamer sein konnte, wenn unsere kleinen Töchter mithalfen. Ihre Unterstützung bedeutete meistens viel mehr Arbeit für uns und ja, es konnte uns auch schon Mal den ein oder anderen Nerv kosten. Wenn sie putzen wollten, setzten sie den Raum unter Wasser, wenn sie zusammengeharktes Laub mit ihrer Minischubkarre zum Kompost brachten, verteilten sie die Blätter erneut im Garten, und wenn sie beim Streichen halfen, vergaßen sie die Hälfte der Fläche und malerten übers Ziel hinaus. Wir Eltern trockneten dann den Boden, harkten das Laub erneut zusammen und pinselten nochmals nach. Und trotzdem würden wir ihre Mithilfe niemals missen wollen. Es war einfach schön, Zeit mit ihnen zu verbringen, ihnen etwas beizubringen, die Freude und den Enthusiasmus in ihren Gesichtern zu sehen und ihre Begeisterung zu spüren.

Manchmal denke ich, dass es für Gott auch viel einfacher wäre, würde er uns, seine Kinder, nicht „mithelfen" lassen. Wahrscheinlich richten wir mehr Chaos an, als dass wir nützen, und wahrscheinlich muss unser Vater immer wieder hinter uns aufräumen. Gott ist nicht auf unser Handeln und Wirken angewiesen. Er braucht uns nicht. Und doch fordert er uns auf mitzuhelfen (*„Deshalb geht hinaus in die ganze Welt und ruft alle Menschen dazu auf, meine Jünger zu werden!"*; Matthäus 28,19a), unsere Gaben einzusetzen (*„Jeder soll dem anderen mit der Begabung dienen, die ihm Gott gegeben hat. Wenn ihr die vielfältigen Gaben Gottes in dieser Weise gebraucht, setzt ihr sie richtig ein"*; 1. Petrus 4,10) und er gibt uns Verantwortung und vertraut uns seine Welt an (*„Gott, der HERR, brachte den Menschen in den Garten von Eden. Er gab ihm die Aufgabe, den Garten zu bearbeiten* *und ihn zu bewahren*"; 1. Mose 2,16). Er stellt uns alles, was wir brauchen, zur Verfügung und gibt uns Anleitung. Gott unser Vater weiß, dass diese Mithilfe uns, seine Kinder, schult und reifen lässt.

Als unsere Kinder größer wurden, bekam ihre Mithilfe auch eine ganz andere Qualität. Das Chaos wurde weniger, genauso wie die Hilfestellungen, die wir geben mussten. Und uns als Eltern war bewusst, dass sie das von uns gelernt hatten. Genauso dürfen wir von unserem himmlischen Vater lernen, verstehen, dass er unser Vorbild sein soll, und wissen, dass er uns zur Seite steht und mit seiner helfenden Hand eingreift.

> **„Ihr seid Gottes geliebte Kinder, daher sollt ihr in allem seinem Vorbild folgen."** Epheser 5,1

Vor allem aber glaube ich, dass Gott sich daran erfreut, wenn wir Freude an unseren Aufgaben haben, und dass er unheimlich gerne Zeit mit uns verbringt. Und nicht zuletzt bringt er uns dadurch eine unfassbare Wertschätzung entgegen. Für mich ist das Schönste nach allerlei Hilfsaktionen meiner Töchter, wenn ich sehe, wie zufrieden und stolz sie sind. Dass sie wissen, dass sie gebraucht wurden, eine Aufgabe hatten und dass ich ihnen vertraut habe.

Hinzu kommt natürlich, dass eigenhändig gebackene Muffins doppelt so gut schmecken! Die kleinen Kuchen mussten auch anderen präsentiert werden. So boten meine Töchter die Muffins ihrem Opa und ihren Freunden an, immer mit dem Hinweis, dass sie diese selbst gebacken hatten. Doch wenn jemand fragte, ob sie das denn ganz allein geschafft hätten, antworteten sie immer: „Unsere Mama hat uns dabei geholfen!"

Nie wären sie auf die Idee gekommen, die Lorbeeren für sich zu ernten. Das ist etwas, was meine Töchter mir beigebracht haben: Meine Werke sind nicht meine Werke, denn ich allein kann gar nichts tun. Alles ist nur durch meinen himmlischen Vater möglich.

**„Ich bin der Weinstock, und ihr seid die Reben.
Wer mit mir verbunden bleibt, so wie ich mit ihm,
der trägt viel Frucht. Denn ohne mich könnt ihr
nichts ausrichten."** Johannes 15,5

Herzensgeschenke

„Jesus rief ein kleines Kind, stellte es in ihre Mitte und sagte: ‚Ich versichere euch: Wenn ihr euch nicht ändert und so werdet wie die Kinder, kommt ihr ganz sicher nicht in Gottes himmlisches Reich. Wer aber so klein und demütig sein kann wie ein Kind, der ist der Größte in Gottes himmlischem Reich. [...]‘“   Matthäus 18,2

Feierlich schritt meine vierjährige Tochter auf mich zu. Ihre Arme hatte sie von sich gestreckt und ihre Hände schienen etwas Wertvolles ganz vorsichtig vor sich herzutragen. Als sie direkt vor mir stand, hielt sie es mir unter die Nase. Mit einem herzerweichenden Lächeln sagte sie:

„Mama, das ist für dich!"

Sie streckte mir einen Waschlappen entgegen. Er war mit allen möglichen Farben vollgeschmiert und mit silbernem Glitzerpulver bestreut. Ihre Augen waren geweitet vor Aufregung und leuchteten voller Erwartung. Kurz war ich irritiert. Doch dann machte mein Herz einen kleinen Hopser und ich konnte gar nicht anders, als mich darüber zu freuen. Ich nahm den Waschlappen aus ihren Händen, schloss sie glücklich in die Arme und drückte ihr einen Kuss auf die Stirn. Dann hüpfte meine Kleine davon, voller Stolz und Freude.

Den Waschlappen, den ich wohl in ein paar Tagen in die Waschmaschine stecken würde, brachte ich nun erst einmal zu unserem Küchenschrank, dessen Front über und über mit Bildern und Basteleien der Kinder vollgeklebt war, die wir Eltern immer wieder geschenkt bekamen. Manche bestanden aus vereinzelten Strichen auf einem ansonsten weißen Blatt Papier, andere hatten sich bereits zu farbenfrohen Gemälden entwickelt. In beiden Fällen brauchte man jedoch meistens viel Fantasie, um die abgebildeten Darstellungen interpretieren zu können. Hin und wieder tauschte ich sie gegen neue Kunstwerke aus. Wir haben auch eine Kiste, in der wir die Geschenke der Kinder aufbewahren. Natürlich nicht alle, denn das würde den Stauraum in unserem Haus bei Weitem sprengen. Die Geschenke, die wir schweren Herzens und mit einem schlechten Gewissen entsorgten, fotografierten wir aber zur Erinnerung.

Eigentlich war es seltsam, dachte ich oft, dass uns etwas, das, objektiv gesehen, überhaupt keinen Wert hat, so wertvoll sein kann. Dass wir uns als Eltern unermesslich über etwas freuen konnten, worüber ein Außenstehender wohl nur unverständig den Kopf schütteln würde. Es war jedoch nicht das Geschenk an sich, worüber wir uns freuten. Es war der Grundgedanke unserer Kinder, der dahintersteckte: die Dankbarkeit, die sie damit zum Ausdruck bringen wollten, und der Wunsch, ihre Liebe in irgendeiner Form zu zeigen. Ohne Hintergedanken, ohne sich etwas davon zu erhoffen, einfach so. Ich kenne dieses Gefühl nur zu gut. Mir ist es auch oft ein Grundbedürfnis, meine Verbundenheit in irgendeiner Weise deutlich zu machen und mich irgendwie erkenntlich zu zeigen. Dieses Verlangen habe ich nicht nur gegenüber anderen Menschen, sondern auch Gott gegenüber. So oft bin ich voller unbändiger Dankbarkeit, Begeisterung und Liebe für meinen himmlischen Vater, dass ich nicht anders kann, als ihn zu loben und zu preisen, weil ich irgendein Ventil für mein überquellendes Glück brauche.

> „HERR, du bist mein Gott dich preise ich; ich lobe
> deinen Namen. Denn du hast Wunder getan; deine
> Ratschlüsse von alters her sind treu und
> wahrhaftig." Jesaja 25,1 (LUT)

Ich weiß, dass meine Werke und Taten keinerlei Einfluss auf die Fürsorge und Gnade Gottes zu mir haben und dass seine Liebe zu mir vollkommen bedingungslos ist. In diesen Momenten erstrebe ich nichts, weder Hintergedanken noch Erwartungen überschatten meinen Lobpreis. Genau wie meine Kinder verschwende ich dann keinen Gedanken daran, was es mir „bringen" könnte, wenn ich Gott eine Freude mache.

Mein Blick glitt über die vielen Bilder auf den Schrankwänden und ich spürte immer noch die leichte Feuchte des Waschlappens in meiner Hand. Vielleicht, musste ich plötzlich denken, sind die „Geschenke", die ich Gott mache, in seinen Augen auch nicht mehr als ein beschmierter Waschlappen. Was, fragte ich mich, könnte ich schon tun, um dem Baumeister dieser atemberaubend schönen Erde eine Freude zu machen? Nur ganz kurz fühlte ich mich plötzlich ganz klein, unbedeutend, ja, fast schon lächerlich. Doch sofort kam mir einer meiner Lieblingsverse aus der Bibel in den Sinn, der die Lüge in meinem Kopf enttarnte und kraftvoll entmachtete. Darin darf ich lesen, wie Gott über mich denkt:

> „Der HERR, euer Gott, ist in eurer Mitte; und was für
> ein starker Retter ist er! Von ganzem Herzen freut er
> sich über euch. Weil er euch liebt, redet er nicht länger
> über eure Schuld. Ja, er jubelt, wenn er an euch denkt!“
> Zefanja 3,17

Was für eine Aussage – auch etwas, das meine Begeisterung für Gott weiter befeuert! Der Herr jubelt über mich und freut sich an mir. Und daran erkenne ich wieder das Vaterherz Gottes, das für mich schlägt. Vielleicht ist es in seinen Augen nicht mehr als ein Waschlappen, den ich ihm voller Dankbarkeit entgegenstrecke, und für die meisten ist er wertlos. Aber als mein Vater sieht Gott durch das Geschenk hindurch die Absicht in meinem Herzen. Und „von ganzem Herzen“ nimmt er mich in den Arm. Durch seine Anerkennung, die er mir auch ohne meine Geschenke zuteilwerden lässt, gibt er mir Kraft, Mut und Freude, damit ich, sein Kind, weiter durch diese Welt hüpfen kann.

> „Ich will dem HERRN singen mein Leben lang und meinen
> Gott loben, solange ich bin. Mein Reden möge ihm
> wohlgefallen. Ich freue mich des HERRN.“
> Psalm 104,33-34 (LUT)

Der Haarknoten

„Darum setze ich meine Hoffnung auf ihn, der HERR ist
alles, was ich brauche. Denn der HERR ist gut zu dem,
der ihm vertraut und ihn von ganzem Herzen sucht.
Darum ist das Beste, geduldig zu sein und auf die Hilfe
des HERRN zu warten." Klagelieder 3,24-26

Ich war sehr früh wach geworden an diesem Morgen in dem
kleinen Ferienhaus irgendwo auf dem Land. Seit zehn Tagen
waren wir nun schon als Familie in Portugal unterwegs und
genossen das wunderschöne Land mit seinen liebenswerten
Menschen. Ich schälte mich aus dem Bett, wickelte mir eine
dünne Decke um die Schultern und schlich in die Küche. Der
Rest der Familie schlief noch. Ich brühte mir eine Tasse Kaffee
auf und ermahnte in Gedanken die Kaffeemaschine, nicht so
laut zu gurgeln. Denn dieser Moment am Morgen sollte mir
allein gehören. Dann schlurfte ich mit dem vollen Becher
nach draußen. Die Kühle des Morgens überraschte mich, war
es doch tagsüber hier sengend heiß. Aber die Sonne stand an
diesem jungen Tag noch nicht sehr lange am Himmel. Bisher
räkelte sie sich nur genüsslich, jedoch schon bald würde sie
ihre ganze Kraft entfaltet haben, sodass Luft und Boden den
Eindruck machten, zu brennen. Die kleinwagengroßen Felsen
vor unserem Haus waren in ein einladendes Orange getaucht.
Ich setzte mich auf einen von ihnen, spürte die feuchte Kühle

des Steins, ließ mir die angenehme Wärme des Morgens ins Gesicht scheinen und saugte den Duft der Röstaromen meines tiefschwarzen Kaffees ein. Ich brauchte die Friedlichkeit an diesem Morgen, denn der vorige Abend war alles andere als ruhig gewesen. Der Tag gestern endete in einem Tränenmeer …

Es hatte sich bereits länger angekündigt und ich war mir ziemlich sicher gewesen, dass es darauf hinauslaufen würde. Meine fünfjährige Tochter mochte es überhaupt nicht, Haare zu kämmen. Und besonders mochte sie es nicht, wenn ich das machte. Sie hatte eine empfindliche Kopfhaut und das Haarkämmen bereitete ihr Qualen. Also bestand sie darauf, es selbst zu machen, was meistens auch gut funktionierte. Doch mittlerweile hatten ihre Haare eine Länge erreicht, die sie mit ihren noch zu kurzen Armen nicht mehr erreichen konnte. Dazu hatte sie eine ziemlich dicke und schwere Mähne, was die Kämmbarkeit nicht gerade vereinfachte. Direkt zu Beginn unseres Urlaubs fiel mir ein kleiner Haarknoten in ihren Strähnen auf Höhe ihres Schulterblatts auf. Ich konnte beobachten, dass sie es nicht schaffte, ihn selbst zu entwirren. Deshalb fragte ich sie, ob ich ihr dabei helfen sollte ihn auszubürsten. Ihre Antwort war, wie zu erwarten, „Nein!", und im selben Augenblick war sie auch schon aus dem Badezimmer gestürmt. So beäugte ich tagtäglich, innerlich immer unruhiger werdend, wie aus diesem einst kleinen Knötchen ein recht stattliches Durcheinander wurde, bis es so aussah, als nistete ein Vögelchen an ihrem Hinterkopf. Ich war selbstverständlich nie müde geworden, sie darauf aufmerksam zu machen, und mein Angebot, ihr beim Kämmen zu helfen, wiederholte ich ebenfalls stetig. Denn mitnichten wollte ich sie dazu zwingen. Aber sie weigerte sich und wies mich immer wieder darauf hin, dass sie das allein schaffen würde. Obendrein meinte sie, dass es bei mir viel mehr wehtun würde, als wenn sie es selbst machte.

Dann kam der gestrige Abend. Der Moment, von dem ich gewusst hatte, dass er kommen würde. Irgendetwas hatte einen Sinneswandel in meiner Tochter ausgelöst. Eigentlich war sie schon auf dem Weg ins Bett, als sie plötzlich vor mir stand, mir eine Bürste entgegenstreckte und fragte: „Kannst du mir bitte die Haare kämmen? Ich krieg den Knoten einfach nicht raus." Ich verkniff mir das „Hab ich dir doch gesagt!", denn ich war erleichtert, dass ich mich endlich darum kümmern durfte. Wie ich erwartet hatte, war es überhaupt nicht einfach, dieses Haarknäuel zu entwirren. Obwohl ich versuchte, mich ganz vorsichtig vorzuarbeiten, weinte meine Tochter laut und bitterlich, weil es sie schmerzte. In diesem Moment war ich froh, dass unser Ferienhäuschen so abgelegen lag. Ich war mir bewusst, dass ich ihr wehtat, denn ohne Ziepen ging es einfach nicht. Noch vor ein paar Tagen wäre der Knoten leichter aufzulösen gewesen, doch mittlerweile schien er undurchdringlich geworden zu sein. Meine Nerven lagen blank. Äußerlich versuchte ich ruhig zu bleiben. Doch der Schweiß lief mir am Rücken herunter und innerlich war ich vollkommen aufgewühlt. Ihr Papa versuchte, beruhigend auf sie einzureden, während ihre Schwester das Weite gesucht hatte. Auf einmal brüllte meine gebeutelte Tochter, ich solle aufhören, und riss mir die Haarbürste aus der Hand. Sie fragte schluchzend, ob man den Knoten nicht irgendwie anders wegmachen könnte. Da konnte ich sie nur auf die Schere hinweisen. Doch das wollte sie auf gar keinen Fall. Ein paar Minuten schwiegen wir im viel zu engen Badezimmer. Ich hockte auf dem Toilettensitz, mein Mann lehnte am Türrahmen und zwischen Duschkabine und Waschbecken gequetscht stand meine Tochter sprichwörtlich wie ein kleines Häufchen Elend. Sie wischte sich ihre Tränen mit ihrem Handrücken von der nassen Wange. Ihr T-Shirt war ebenfalls ganz vollgetropft, deshalb machte es nichts, dass sie ihre Nase daran abwischte. Mir war auf eine andere Weise ganz kümmerlich zumute. Es war unerträglich, meine Tochter so zu sehen. Ich wollte sie einfach nur trösten und in den Arm nehmen. Ganz unerwartet drückte sie mir hastig die Bürste wieder in die Hand. Ich fragte sie, ob ich wirklich weitermachen solle. Sie nickte und sagte trotzig: „Ich will den Knoten nicht mehr!" Sie streckte ihre Hand ihrem Papa entgegen, der sie sofort mit seinen Händen fest umschloss und während der restlichen Prozedur auch nicht mehr losließ. Das Weinen und Wehklagen begann erneut und ich musste mich sehr zusammenreißen, um nicht auch mitzumachen. Bald war es endlich geschafft. Die Haare fielen nun wieder seidig wie ein Wasserfall auf ihre Schultern. Meine Tochter murmelte ein „Danke Mama", schlurfte völlig ermattet in ihr Zimmer, legte sich aufs Bett und machte sich ein Hörspiel an. Ich setzte mich auf die Terrasse vor unserem Ferienhaus und war ebenfalls erschöpft. Ich fühlte mich ausgelaugt, meine Ohren klingelten von dem Wehklagen meiner Tochter und mein Herz zitterte immer noch vor Anspannung. Daher versuchte ich, meine Anspannung zu zerstreuen und ließ mich von der Erinnerung an die wundervolle Urlaubszeit gedanklich davontragen.

Noch vor ein paar Tagen waren wir in den lauten Straßen Lissabons unterwegs gewesen. Am letzten Abend hatten wir auf einem Platz gesessen, der von blühenden Mandelbäumen umgeben war, durch deren Blüten das Licht der untergehenden Sonne in einem zarten Rosa erschien. Ein Fado-Sänger hatte süße, melancholische Melodien auf seiner Gitarre gezupft, deren Tonfolgen, die eine freundliche und doch wehmütige Sehnsucht verströmten, sich über das kunstvolle schwarz-weiß verschnörkelte Pflaster ergossen. Als das Lied zu Ende ging, klatschte nur ein Unwissender. Denn dem Fadista applaudiert man nicht. Man zollt ihm durch anerkennendes Schweigen Respekt. Beseelt von diesem geistigen Souvenir legte auch ich mich schlafen.

Weil jedoch auch die Nacht sehr unruhig für mich gewesen war, genoss ich nun umso mehr die Ruhe des Morgens. Ich saß immer noch auf dem sonnenbeschienenen Felsen, betrachtete die erwachende Natur um mich herum und ließ die Eindrücke des gestrigen Abends noch einmal auf mich wirken. Das Verhalten meiner Tochter war mir nicht fremd. Ich kannte es nur allzu gut. Entdecke ich nämlich einen „Knoten" in meinem Leben, versuche auch ich immer, ihn selbst zu entwirren. Meist schaffe ich es nicht und zunächst stört er auch nicht besonders. Jedoch verstricke ich mich mit der Zeit immer mehr und der Knoten wird schlimmer und schlimmer. Irgendwann bin ich so verzweifelt und niedergeschlagen und wende mich an den, der all die Zeit über ein wachsames Auge auf mich hatte, der mich zu nichts drängen würde, der mit weit ausgebreiteten Armen darauf gewartet hatte, dass ich endlich zu ihm komme und er mir helfen darf und von dem niemals ein Wort des Vorwurfes zu hören sein würde: meinen himmlischen Vater. Vollkommen hilflos und bedrückt von Scham bete ich dann: „Herr, verändere mich!" Jegliche Widerstände gebe ich dann schließlich auf. Ich erinnere mich, dass ich dieses Gebet einmal in völliger Verzweiflung gebetet hatte. Und wahrscheinlich hatte ich nicht wirklich mit Gottes Eingreifen gerechnet. Doch er handelt. Immer!

> **„Wenn wir aber unsere Sünden bekennen, dann erweist sich Gott als treu und gerecht: Er wird unsere Sünden vergeben und uns von allem Bösen reinigen."**
>
> 1. Johannes 1,9

Vielleicht hatte ich mir sein Handeln ganz anders vorgestellt. Doch wie so oft musste ich feststellen, dass Gott in keine Schublade passt und dass er jeglichen Rahmen sprengt. Immer wenn ich denke, dass ich ihn nun kenne, offenbart er mir eine neue Seite von sich. Und immer wenn ich denke, er ist mir völlig fremd, ist er mir ganz nah. Gott erhörte meine Bitte. Und er räumte auf in mir. Er riss falsche Gedankengebäude, ach, ganze Straßenzüge nieder. Und er trug sie nicht Stein für Stein ab. Es fühlte sich mehr wie eine Abrissbirne an. Gott machte kurzen Prozess, einen schmerzhaften Prozess. Viele Tränen wurden währenddessen vergossen. Doch ich ließ es zu, denn mir war bewusst, dass es notwendig war und nicht ohne Ziepen vonstattengehen konnte. Und ich fragte mich, warum ich Gott nicht schon früher an meinen Lebenswirrwarr herangelassen hatte.

> **„Aber die Frucht tragenden Reben beschneidet er sorgfältig, damit sie noch mehr Frucht bringen."**
>
> Johannes 15,2

Ich bin überzeugt, dass Gott nur beschneidet, wenn er gleichzeitig den Mangel in uns überreich auffüllt. Genauso fühlte ich mich. Er nahm, aber er gab auch im Überfluss. Er versorgte mich mit dem, was nötig war. Er hielt voller Mitgefühl meine Hand und ließ sie nicht los, während sein heilender Geist das Chaos in mir entwirrte und sein gnädiger Sohn meine Last auf sich nahm. Ich fühlte mich gestärkt und wertgeschätzt aus dieser Situation hervorgehen, unendlich geliebt und verständnisvoll wieder aufgerichtet.

> **„Der Herr verändert uns durch seinen Geist,**
> **damit wir ihm immer ähnlicher werden und immer mehr**
> **Anteil an seiner Herrlichkeit bekommen."**
> 2. Korinther 3,18

Der Morgentau verdampfte allmählich, die Ameisen wanderten bereits auf ihrer Straße und die Glocken der Ziegen auf der Farm kamen aus einer anderen Richtung als am Abend davor. Das weiß getünchte Ferienhaus, die stille, knorrige Korkeiche davor und die kargen, hügeligen Felder sahen aus, als wären sie mit Ahornsirup nappiert. Ich hätte gleichzeitig lachen und weinen können vor Glück, so unglaublich war diese Schönheit um mich herum und die Erinnerung an das, was Gott für mich getan hatte, wie sehr er mich liebte. Der Moment war so überwältigend, dass Dankbarkeit aus mir herausplatzen wollte. Jedoch hatte ich das Gefühl, dass meine Worte vollkommen fehl am Platz waren, hölzern und dumpf. Mein Wortschatz reichte einfach nicht aus, um dieses Überschäumen in mir zu beschreiben. Deswegen schwieg ich an diesem Morgen. Auch meine Gedanken ließ ich verstummen. Ich applaudierte nicht, sondern erwies dem allmächtigen Künstler den Respekt, der ihm gebührt!

Ich hörte das Fliegengitter der Haustür ins Schloss krachen. Meine Tochter krabbelte zu mir auf den Felsen, ich hüllte sie mit in meine Decke ein und drückte sie ganz fest an mich. Ihre nun wieder von unruhigen Träumen verwuschelten Haare kitzelten in meiner Nase und ich spürte ihren Herzschlag ganz dicht an meinem.

„Mama, das nächste Mal komme ich sofort zu dir, wenn ich einen dicken Knoten habe."

„Ja", sagte ich, „das nächste Mal mache ich das auch", und nahm mir fest vor, mit meinem nächsten Knoten direkt zu Gott zu gehen.

Vergoldete Narben

„Christus hat unsere Sünden auf sich genommen und sie am eigenen Leib zum Kreuz hinaufgetragen. Das bedeutet, dass wir für die Sünde tot sind und jetzt leben können, wie es Gott gefällt. Durch seine Wunden hat Christus euch geheilt." 1. Petrus 2,24

„Mama, wovon ist das?"

Meine fünfjährige Tochter hatte mein Shirt ein wenig hochgeschoben und fuhr mit ihrem Finger ganz vorsichtig die silbrigen Streifen entlang, die sich um meinen Bauchnabel herumschlängeln.

„Das habt ihr beide mir gemalt, als ihr in meinem Bauch gewesen seid."

„Und, Mama, gefallen sie dir?"

„Oh ja!", antwortete ich und strich ihr eine Haarsträhne aus dem Gesicht. „Sie erinnern mich daran, dass ich mit zwei wundervollen Töchtern beschenkt wurde."

Heute kann ich das so sagen. Doch kurz nach den Schwangerschaften war ich nicht besonders begeistert von meinen Dehnungsstreifen. Sie erinnerten mich an Holz, dessen Oberfläche von einem Holzwurm zerfressen wurde. Ich schämte mich dafür. Und auch die Narben, die kleinere Unfälle und eine Operation auf meiner Haut hinterlassen hatten, waren in meinen Augen Makel an meinem Körper.

Irgendwann las ich in einer Zeitschrift einen kurzen Artikel über eine Technik, mit der in Japan traditionell zerbrochene oder gesprungene Keramik repariert wird. „Kintsugi" bedeutet wörtlich übersetzt „Gold-Flicken". Dabei werden die vorgenommenen Reparaturen nicht verborgen, sondern durch die Verwendung von Goldfarben zum Blickpunkt. Dabei ist viel Kunstgeschick gefragt. Die gebrochenen Stücke werden wieder zusammengefügt und somit zu einem neuen Ganzen. Das bedeutet, dass ein einst zerbrochener Teller nun nicht minder im Wert ist. Ganz im Gegenteil: Die aufwendige Restauration lässt die Wertschätzung und den einmaligen Status des Gegenstandes erkennen. Bruchstellen werden zu etwas Positivem und das Objekt entfaltet nun eine ganz neue Schönheit. Dieser Artikel ließ mich aufhorchen. Denn waren meine Narben nicht auch etwas Zerbrochenes, das wieder zusammengefügt worden war? Das mich nun veredelt? Meine Narben am Körper erinnern mich zwar daran, dass ich eine offene Wunde, dass ich Schmerzen gefühlt und durchlebt hatte. Aber sie erinnern mich ebenso daran, dass ich etwas überwunden habe, dass mein Körper stärker war als die Verletzung und etwas vollbracht hat. Ich selbst kann dafür nicht viel tun. Ich muss warten und Geduld haben. Nie würde ich auf die Idee kommen, selbst an meinen Wunden herumzubasteln, da ich weiß, dass mein Körper für diese Aufgabe bestens ausgerüstet ist. Die Narben auf meiner Haut erinnern mich daran. Und in schlimmen Fällen suche ich einen Arzt auf, der genau weiß, wie er die Wunde versorgen muss.

Indessen sind da aber auch die Narben, die niemand sieht, die nur ich in mir spüre, von Verletzungen, die mir zugefügt wurden oder die ich mir selbst zugefügt habe. Und nicht alle davon sind gut verheilt. An manchen Abschürfungen kratze ich obendrein gerne herum und lasse sie gar nicht erst richtig abheilen. Es ist nur eine Frage der Zeit, bis sie wieder bluten werden. Und ich weiß auch, woran das liegt. Ich lasse den, der bestens für diese Aufgabe geeignet ist, nicht an meine Verletzungen heran. Ich versuche meine innerlichen Scherben selbst zusammenzukitten. Deshalb sind sie schlecht zusammengefügt und brüchig. Bei der nächsten Belastung wird das Gefüge wieder auseinanderbrechen. Denn Zeit heilt keine Wunden, Zeit heilt gar nichts. Zeit lässt Verletzungen höchstens schlecht vernarben. Das lehren mich meine Erfahrungen. Doch ich durfte lernen und erleben, dass Gott, mein Vater, mich wirklich vollkommen heil machen kann und will.

> „Heile du mich, HERR, dann werde ich geheilt,
> hilf mir, dann ist mir geholfen! Dich allein will ich preisen!"
> Jeremia 17,14

Ich erinnere mich an einen heftigen Fahrradsturz meiner Tochter. Ihre Schmerzensschreie und ihr Weinen hallten durch die ganze Nachbarschaft. Sofort rannte ich zu ihr. Ich machte mir Sorgen, wollte sie trösten und ihr helfen. Jedoch hatte sie sich so sehr erschreckt, dass sie mich nicht an sich heranlassen wollte. Ich sah das Blut, das ihr am Knie heruntertropfte und ihre Tränen, die in dicken Rinnsalen über ihre Wangen liefen. Es tat mir weh, sie so zu sehen, doch ich konnte nichts tun. Deshalb kniete ich mich neben sie und sprach leise auf sie ein, bis sie sich langsam beruhigte. Dann zeigte sie mir ihr aufgeschürftes Knie. Ich nahm sie auf meinen Arm, trug sie ins Haus und versorgte ihre Wunde. Sie blieb noch eine Zeit lang auf meinen Schoß sitzen, ich strich ihr über die schweißnassen Haare und drückte sie fest an mein Herz. Das Schluchzen wurde weniger, das Zittern hörte auf. Es dauerte nicht mehr lange, da spielte sie wieder draußen, zwar noch sehr vorsichtig, aber ihr Lachen war schon wieder zurückgekehrt. Und am nächsten Tag düste sie wieder auf ihrem Fahrrad die Straße auf und ab.

Gott, mein Vater, sieht, wenn ich mich verletze. Und ich bin mir sicher, dass er sofort zu mir läuft und mir am liebsten auf der Stelle helfen möchte. Denn er kennt meine Schmerzen. Er fühlt mit mir und er sorgt sich um mich. Aber ich muss zulassen, dass er sich um meine Wunde kümmert, denn gegen meinen Willen würde er dies niemals tun. Und so setzt er sich neben mich und wartet. Egal wie lange es dauert. Er hat Geduld. Er zeigt mir immer wieder, dass er für mich da ist, mir helfen möchte und dass er mich liebt. Und ich höre seine tröstenden Worte, wenn auch manchmal nur ganz leise, durch mein Wehklagen gedämpft. Dann will ich ihm vertrauen und mich in seine Arme fallen lassen.

> **„Er heilt, die zerbrochenen Herzens sind, und verbindet ihre Wunden."** Psalm 147,3 (LUT)

Nach und nach zeige ich Gott meine schlecht verheilten Wunden, meine dilettantischen Versuche, die Scherben selbst zu kitten. Und Gott sagt nicht: „Kaputt? Dann bist du unbrauchbar." Nein, er nimmt meine zerbrochenen Stücke und fügt sie wieder zusammen. Die Risse malt er golden. So sehe ich die neue Schönheit und vergesse nicht, dass ich verändert und erneuert wurde. Dass ich mit Gottes Hilfe Verletzungen, Leiden und Schmerzen überwinden kann und dass ich dadurch nicht weniger wert bin. Meine Scherben sind dem Schöpfer des Himmels und der Erde so viel wert, dass er sich um sie kümmert. Ich darf die Kunstfertigkeit des vollkommenen Trösters in meinen Narben erkennen. Meine neu zusammengefügten Teile sind frei von Wut, Hass und Angst. Sie erzählen eine Geschichte über mich und machen mich zu der, die ich bin. Sie erinnern mich daran, dass ich zerbrechlich bin, aber auch daran, dass es jemanden gibt, der diesen Zerbruch heilen und etwas Wunderbares daraus machen kann. Und dass mein Scheitern nicht das Ende bedeutet. Ich denke, dass Gott deshalb seinem Sohn die Narben an seinem Körper gelassen hat und der auferstandene Leib in diesem Sinne nicht „perfekt" gewesen ist.

> **„Dann wandte er sich an Thomas: ‚Leg deine Finger auf meine durchbohrten Hände und sieh sie dir an! Gib mir deine Hand und leg sie in die Wunde an meiner Seite! Zweifle nicht länger, sondern glaube!'"** Johannes 20,27

Dadurch darf ich verstehen, dass es erst diese verheilten Wunden sind, die Jesus zu meinem Erlöser machen. Denn sie erzählen von seinem Sieg über den Tod, von einem Erlöser, der Vergebung und nicht Vergessen schenkt. Auch meine verheilten Wunden werden mich immer mehr zu dem Menschen machen, den Gott in mir sieht. Denn sie erzählen auch, wer ich bin und was ich erlebt habe. Sie erzählen, dass meine geheilte Wunde nun meine neue Stärke und Erhabenheit ist und dass ich dadurch eine unglaubliche Wertschätzung von Gott erfahren habe. Weil Gott mir Wert gibt und mir zeigt, was ich ihm bedeute, weil ich ihm nicht egal bin.

Noch immer befinde ich mich im Lernprozess. Es fällt mir nach wie vor nicht leicht, Gott meine Verletzungen zu zeigen. Doch ich will lernen anzunehmen.

Und so akzeptierte ich mit der Zeit meine Schwangerschaftsstreifen als einen neuen Teil von mir und machte mir bewusst, dass sie nicht Scham erzeugen sollten, sondern Dankbarkeit und Stolz.

Von kleinen großen Ängsten

„Der größte Fehler, den man im Leben machen kann,
ist, immer Angst zu haben, einen Fehler zu machen."
Elbert Hubbard

Wir traten durch die Eingangstür und sofort schlug er uns entgegen: dieser buttrige Geruch von karamellisiertem Zucker, dieser einzigartige Duft, der jedem Kino anhaftet und der unmittelbar den Wunsch aufkeimen lässt, eine Tüte Popcorn zu kaufen. Wir wollten uns einen Animationsfilm anschauen und unsere fünfjährige Tochter war besonders aufgeregt, da es einer ihrer ersten Kinobesuche war. Zu meiner Enttäuschung musste ich feststellen, dass niemand sich mit mir einen etwa regentonnengroßen Eimer Popcorn teilen wollte. Wie sich herausstellte, bevorzugte der Rest meiner Familie Nachos. So musste ich mich mit einer winzigen Tüte zufriedengeben, die auf wunderliche Weise bereits während der Werbung zur Neige ging. Meine kleine Tochter saß auf einer Sitzerhöhung, sonst hätte sie zwei Stunden auf die Rücklehne ihres Vordermannes schauen müssen. Sie rutschte ungeduldig hin und her und stopfte vergnügt mit ihrer Schwester zusammen die dreieckigen Chips mit einem Berg scharfer Sauce in sich hinein.

Der Film selbst war dann sehr lustig, die Figuren schön animiert und die Geschichte ziemlich spannend. Irgendwann trat der Bösewicht ins Bild. Sein Blick funkelte boshaft durch die riesengroße Leinwand hindurch und starrte das Publikum niederträchtig an. Da bekam es meine Kleine mit der Angst zu tun. Sie kletterte auf meinen Schoß, drückte ihr Gesicht an meine Brust und klammerte sich an mich. Auch als die Szene vorbei war und es wieder fröhlich zuging, versteckte sie sich weiter in meiner Armbeuge. Ich flüsterte ihr leise ins Ohr, dass alles in Ordnung wäre, dass es nur ein Film sei. Doch meine Tochter fürchtete sich immer noch. Ich erklärte ihr, dass sie keine Angst haben musste, dass das alles nicht echt sei. Und das konnte ich ihr voller Zuversicht sagen, denn ich war mir vollkommen sicher darüber. Ich wusste, dass da nichts war, wovor sie sich hätte fürchten müssen. Ich hatte schon viele Filme gesehen und wusste, dass mir die Figuren nichts antun konnten. Meine Tochter schien das jedoch anders zu sehen. In ihrer Gedankenwelt konnte das Geschehen auf der Leinwand zu einer Bedrohung für sie werden. Deshalb hatte sie Angst und war sich sicher, dass ihre Furcht vollkommen berechtigt war. Irgendwann konnte ich sie beruhigen und überzeugen, dass das, was da geschah, nicht real war. Bald kletterte sie von meinem Schoß auf ihren Sitz zurück und konnte den restlichen Film genießen. Und natürlich die Nachos. Sie hatte mir geglaubt. Weil ich ihre Mutter bin.

Wie gerne würde ich meinem himmlischen Vater so vertrauen, wie ich es von meinen Kindern von mir erwarte. Doch Ängste umzingeln mich oft. Sie lauern an jeder Ecke und starren mich in der Nacht mit finsteren Blicken an. So oft habe ich Angst. Und eigentlich müsste ich mich wie meine Tochter an meinen Vater im Himmel wenden. Voller Vertrauen und Zuversicht, so wie unsere Kinder zu mir oder meinem Mann gehen, um sich trösten zu lassen.

> „Erbarme dich über mich, o Gott, erbarme dich! Bei dir
> suche ich Zuflucht und Schutz. Wie ein Vogel sich unter die
> Flügel seiner Mutter flüchtet, so will ich mich bei dir bergen,
> bis die Gefahr vorüber ist." Psalm 57,2

In diesem Alter glauben unsere Kinder einfach daran, dass wir alles können, ihre starken Beschützer sind und sie uns absolut vertrauen können. Deshalb fürchtet sich meine kleine Tochter auch nicht, wenn ich ihr sage, dass sie es nicht muss. Und diesen Instinkt erhoffe ich mir sehnlichst für meine Beziehung zu Gott. Zu wissen, dass er mehr weiß als ich, und darauf zu vertrauen und zu bauen, wenn er sagt: „Fürchte dich nicht!" Gott möchte mir immer wieder klarmachen, dass es nichts gibt, wovor ich mich ängstigen müsste, weil er bei mir ist. Außerdem weiß er, dass viele meiner Ängste nur Illusionen sind. Sie sollen mich einengen, mich lähmen und mir den Blick für das Wesentliche nehmen. Deshalb ist es so wichtig, sich an Gott zu wenden und sein Wort zu hören. Denn er ruft mir zu:

> „Fürchte dich nicht, denn ich habe dich erlöst; ich habe dich
> bei deinem Namen gerufen; du bist mein!"
> Jesaja 43,1 (LUT)

Wenn ich mich das nächste Mal in Gottes Armen verkrieche, dann will ich seiner Stimme lauschen, die beruhigend auf mich einredet. Die mir klarmacht, dass ich mich nicht zu fürchten brauche, weil er bei mir ist. Dann werde ich erkennen, wie klein meine Ängste und Sorgen eigentlich sind, wenn ich sie in Gottes Hand gelegt habe. Weil ich ihm glaube. Weil er mein Vater ist.

Kuschelzeit

„Nur wer erwachsen wird und ein Kind bleibt,
ist ein Mensch." Erich Kästner[1]

Ich saß gemütlich auf der Couch, als meine fünfjährige Tochter auf meinen Schoß kletterte. Sie schlang ihre Ärmchen um meinen Hals und drückte ihr Gesicht an meine Schulter. Sie wollte kuscheln. Darüber freute ich mich natürlich und genoss einen dieser Momente, die unvermeidlich irgendwann seltener werden würden. Leider weiß man vorher nicht, wann es das letzte Mal sein würde. Sonst würde man diesen Augenblick wahrscheinlich ganz tief in sich einsaugen, um ihn zu konservieren und ihn bei den anderen Einmachgläsern im Erinnerungsregal aufzubewahren.

Ich spürte ihre tiefen Atemzüge an meinem Hals, meine Haut wurde an dieser Stelle warm und leicht feucht. Ich strich ihr über den Rücken, fühlte jeden einzelnen kleinen Wirbel. An meiner Brust spürte ich ihren schnellen Herzschlag und roch den Duft von frisch geschälten Mandarinen. Es war zu schön, ein vollkommener Moment. Doch er dauerte nicht lange an. Sehr bald schon hielt sie es nicht mehr aus, still zu sitzen. Sie begann ständig ihre Position zu verändern, rutschte auf meinem Schoß hin und her, schaute mal hierhin, mal dorthin, um anschließend wieder von meinem Schoß herunterzurutschen, weil sie am Boden etwas Interessantes entdeckt hatte. Dann kletterte sie wieder auf meinen Schoß und das Spiel begann von Neuem. „Willst du denn jetzt mit mir kuscheln?", fragte ich sie. Es sah so aus, als hätte sie meine Frage nicht verstanden. Als ob sie gar nicht wüsste, warum ich so meine Zweifel daran hatte. Sie nickte deshalb eifrig und entschlossen mit dem Kopf. Und trotzdem ging es danach weiter wie bisher. Es gab eigentlich keine Möglichkeit mehr, sie noch mal an mich zu drücken. Und dann war sie auch schon verschwunden und ich wieder allein. Ich dachte gerade darüber nach, wie schwer es war, mit der Kleinen mal einen kurzen Moment der Ruhe zu haben, da kam mir plötzlich ein ganz anderer Gedanke: Wie sah es denn mit meinen Ruhemomenten mit Gott aus?

Ich spüre auch oft diese Sehnsucht in mir, Zeit mit Gott, meinem Vater, zu verbringen, mich in seiner Gegenwart zu wissen und geborgen zu fühlen, ja, zu kuscheln. Ich genieße es, in den Armen meines himmlischen Papas zu sein, weil es mir guttut. Nachdem Mose vierzig Tage und Nächte auf dem Berg Sinai in der Gegenwart Gottes verbracht hatte, war etwas Wunderbares an ihm geschehen:

> **„Als Mose mit den beiden Tafeln in der Hand vom Berg Sinai herabstieg, lag ein Glanz auf seinem Gesicht, weil er mit Gott gesprochen hatte; Mose selbst merkte nichts davon."** 2. Mose 34,29

Ich denke, dass Menschen, die Zeit mit Gott verbringen, dieses Strahlen ebenfalls besitzen. Natürlich funkelt ihre Haut nicht wie ein Diamant, das wäre ziemlich irritierend. Selbst dem Volk Israel hatte dieser Glanz damals Angst bereitet und Mose hatte daher sein Gesicht verhüllt. Aber sie tragen ein

Leuchten in sich, das die Kraft besitzt, in die Herzen der Menschen hineinzustrahlen. Die Gegenwart Gottes veredelt einen Menschen.

Doch was mache ich? Meistens hetze ich durch den Tag, nehme mir nicht viel Zeit und wenn doch, bin ich oft innerlich unruhig, weil ich im Kopf meine To-do-Liste des Alltags durchgehe. Ich schalte nicht ab. Ich lasse mich nicht fallen. Ich bin ständig in Bewegung. Und dann wundere ich mich, dass ich die Nähe Gottes nicht erlebe. Denn wie auch? Wenn ich mich immer auf seinem Schoß winde und eigentlich meine Aufmerksamkeit anderen, vermeintlich wichtigeren Dingen schenke. Wie meine Tochter, denn eigentlich möchte sie gerne in meiner Nähe sein. Nach einem Albtraum oder Sturz klammert sie sich schluchzend an mich und lässt erst wieder los, wenn es ihr besser geht. Dieses Verhalten kommt mir ziemlich bekannt vor. Dasselbe mache ich oft mit Gott. Meistens merke ich es noch nicht einmal. Genauso wenig wie meine Tochter, die sich über meine Frage, ob sie denn wirklich kuscheln möchte, gewundert hat.

Glücklicherweise ist Gott geduldiger als ich. Trotzdem sehnt er sich bestimmt nach uns, nach seinen Kindern, mit denen er Zeit verbringen möchte. Auch Jesus suchte ständig die Nähe zu seinem Vater. Gott hat diese Sehnsucht in unser Innerstes gelegt. So schrieb auch David:

> **„Ich erinnere mich, dass du gesagt hast:**
> **‚Sucht meine Nähe!' Das will ich jetzt tun und**
> **im Gebet zu dir kommen."**
> Psalm 27,8

Ich möchte mich ganz neu sehen. Besonders, da mir die Nähe zu meinem Schöpfer mehr als ein gutes Gefühl gibt. Gott stellt mich wieder her und macht mich frei. Er beschenkt mich mit reiner Liebe, allumfassender Gnade und lässt mich sogar schimmern. Gott, der HERR, adelt mich als Königskind. Vielleicht werde ich nun öfter daran denken, wie ich auf dem Schoß des allmächtigen Schöpfers ruhen darf.

Der Bestimmertag

„Alles ist erlaubt, aber nicht alles dient zum Guten.
Alles ist erlaubt, aber nicht alles baut auf."
1. Korinther 10,23 (LUT)

„Immer dürft ihr alles bestimmen, das ist so unfair!"

Unsere kleinen Töchter hatten sich grimmig vor uns Eltern aufgebaut, die Hände in die Hüften gestemmt und die Unterlippen weit vorgeschoben. Zwischen ihren Augenbrauen hatte sich ein Zornesfältchen geschoben, darunter funkelten uns ihre Augen angriffslustig an. Alle Zeichen standen auf Revolte. Ihre Forderung hatten sie präzise formuliert:

„Wir wollen auch mal bestimmen!"

Mein Mann und ich zogen uns daraufhin zur Beratung zurück, diskutierten die vorgebrachten Argumente („Ihr dürft immer alles bestimmen" und „Das ist so unfair"), wägten ab und machten den Kindern nach kurzer Debatte ein Angebot. Ab sofort würde es in den Ferien einen Bestimmertag geben, an dem sie den ganzen Tag alle Entscheidungen treffen dürften. Wir Eltern müssten dann, natürlich ohne zu murren, alles mitmachen. Die Mädels steckten die Köpfe zusammen, aufgeregtes Tuscheln und Kichern war zu hören. Wieder mit ernsten Mienen drehten sie sich zu uns um und verkündeten ihren Entschluss: Sie waren einverstanden! Die Verhandlungen waren also geglückt.

Diese Begebenheit war nun schon ein paar Jahre her. Seitdem die Kinder fünf und sieben Jahre alt waren, gab es ihn, den Bestimmertag. An diesem Tag haben die Kinder das Sagen. Sie bestimmen, was wir machen und was es zu Essen gibt. Die Vorbereitungen für den Bestimmertag beginnen bereits am Tag davor. Die Mädels müssen überlegen, was wir noch einkaufen müssen und was sie denn machen wollen, falls wir dafür noch irgendwelche Vorbereitungen treffen müssen. Der Bestimmertag selbst beginnt eigentlich immer mit einem süßen Frühstück: Pancakes, die in Ahornsirup schwimmen und unter einer Schicht bunter Zuckerstreusel kaum noch zu erkennen sind. Auch die restlichen Mahlzeiten des Tages sind nicht wirklich nahrhaft. Meistens ist es etwas Frittiertes und/oder Paniertes. Dazu kommen eigentlich nur noch mehr Süßigkeiten, nichts, was auch nur im Entferntesten organisch sein könnte. Oft wird uns Eltern allein vom Zusehen schlecht und wir fragen uns, wie diese kleinen Mägen das nur aushalten können. Nach dem Frühstück haben die Kinder dann einen Ausflug in einen Freizeitpark, Indoorspielplatz oder Kletterpark geplant. Dort essen sie dann noch mehr Süßkram oder Knabbereien. Wieder zu Hause spielen sie gerne Videospiele und irgendwann liegen sie dann vor dem Fernseher, bis sie, mit einem Lutscher im Mundwinkel, davor einschlafen.

Der Bestimmertag ist für uns als Familie immer ein großer Spaß. Einerseits. Auf der anderen Seite ist er für uns als Eltern eine große Herausforderung, und das nicht nur für unseren Verdauungstrakt. Es ist teilweise auch sehr schwer, mit anzusehen, mit wie viel ungesundem Zeug sich die Kinder vollstopfen und wie sie bis weit in die Nacht vor dem Fernseher rumhängen. Alles Dinge, von denen wir wissen, dass sie nicht gut für sie sind, weder für ihre Gesundheit noch für ihre geistige Konstitution. Dann ist es schön, im Hinterkopf zu haben, dass das ganze Spektakel am nächsten Tag wieder vorbei sein wird. Ich möchte mir gar nicht vorstellen, wohin das führen würde, wenn jeder Tag ein Bestimmertag wäre. Besonders schön wäre es wahrscheinlich nicht ...

Nach so einem Bestimmertag kann ich immer wieder sehr gut nachvollziehen, warum Gott uns seine Gebote geschenkt hat: Er bewahrt mich vor mir selbst. Denn manchmal treffe ich Entscheidungen, deren Auswirkungen weitreichendere Folgen haben als katastrophale Cholesterinwerte. Die nicht nur mir selbst schaden, sondern auch meinem Gegenüber. So wie es uns Eltern schwerfällt, mit anzusehen, wenn unsere Töchter sich das vierte Glas Limo einverleiben oder sie sich im Streit gegenseitig verbal verletzen, so fällt es Gott bestimmt ebenso schwer, mir dabei zuzusehen, wenn ich falsche oder sogar dumme Entscheidungen treffe. Bestimmt würde er gerne öfter eingreifen, mir das fünfte Glas Limo aus der Hand nehmen und meine Streitereien schlichten. Doch da ist ja immer noch die Sache mit dem freien Willen, den er mir, uns allen, verliehen hat. Zwar toleriert er meine Entscheidung, seine Gebote abzulehnen oder zu übertreten, nicht, aber er respektiert sie. Und wahrscheinlich hofft er, dass ich erkenne, dass seine Gebote mich nicht einengen wollen, sondern mir ein gutes Leben und Miteinander ermöglichen sollen.

> **„Denn die ganze Heilige Schrift ist von Gott eingegeben.
> Sie soll uns unterweisen; sie hilft uns, unsere Schuld
> einzusehen, wieder auf den richtigen Weg zu kommen und so
> zu leben, wie es Gott gefällt. So werden wir reife Christen und
> als Diener Gottes fähig, in jeder Beziehung Gutes zu tun."**
>
> 2. Timotheus 3,16-17

Gottes Gebote sind kein Gefängnis, sondern der Schlüssel aus ihm heraus. Und das möchte ich immer mehr verstehen lernen. Ich möchte darauf vertrauen, dass das Gras auf der anderen Seite niemals grüner ist, sondern mich schlimmstenfalls vergiften kann. Selbst wenn ich dann mal mit Bauchschmerzen von meinen falschen Entscheidungen auf der Couch liege, ist Gott für mich da. Er kümmert sich um mich. Er vergibt mir, wendet sich mir zu und schenkt Heilung, damit es mir bald wieder besser geht. Denn Gott, mein himmlischer Vater, sorgt sich auch um meine Seelengesundheit. Deshalb weiß er, was gut für mich ist. Und er weiß auch, was mir wahre und tiefe Freude bereitet. Denn ja, es gibt sie: diese Zeiten, in denen Gott Sirup und bunte Zuckerstreusel über meinem Leben ausschüttet und die ich bis zum letzten Tropfen auskoste und genieße.

> **„Lehre mich, so zu leben, wie du es willst, denn du
> bist mein Gott! Führe mich durch deinen guten Geist,
> dann kann ich ungehindert meinen Weg gehen!"**
>
> Psalm 143,10

Der Zuckerrand

„Das hat Gott in die Herzen der Eltern gegeben,
dass sie also ihre Kinder lieben und ihren Undank
vergessen können. Nie will ich solche Liebe betrüben."
Johann Peter Hebel

Unser Heiligabend folgt jedes Jahr dem gleichen Ablauf. Die Nuancen sind kaum erwähnenswert. Selbst das Menü ändert sich nicht großartig. Das ist aber weder langweilig noch routiniert, sondern immer wieder einzigartig in sich. Ich freue mich jedes Jahr darauf. Wenn wir nach dem Gottesdienst zu Hause ankommen, gibt es erst einmal einen kleinen Aperitif, also prickelnd fruchtigen Sekt für die Erwachsenen und klebrig süße Limonade für die Kinder. Die Gläser präpariere ich bereits nachmittags mit einem funkelnden Zuckerrand. Ist vielleicht etwas altbacken, aber ich finde trotzdem, dass es hübsch aussieht. Außerdem liebe ich es, wenn sich das herbe Kitzeln auf der Zunge mit ein wenig Süße vermischt. Allen anderen geht es übrigens ebenso. Die Kinder knabbern den Zuckerrand jedes Mal vollständig ab und lecken noch den letzten süßen Saft von den Gläsern. Der Zuckerrand soll zeigen, dass dieser Abend etwas ganz Besonderes und nichts Alltägliches ist.

In einem Jahr allerdings hatten wir einen ziemlich stressigen Tag an Heiligabend. In den Schulen und Kitas ging in der Adventszeit nicht der Geist der Weihnacht um, sondern ein, glücklicherweise nur kurz andauernder, Magen-Darm-Infekt. Unsere Kinder, fünf und sieben Jahre alt, waren lange verschont geblieben und ich hatte bereits eine gewisse Vorahnung, die sich dann auch bewahrheitete: In der Nacht vor Heiligabend hielten mein Mann und ich einer armen Tochter die Haare aus dem Gesicht, wechselten Bettwäsche, wischten Böden und die Waschmaschine lief bis in die frühen Morgenstunden. Dementsprechend gerädert waren wir am nächsten Tag. Mein Mann und ich waren müde und leicht gereizt, während es dem kranken Kind, gemessen an der Zahl der verspeisten Schokocremebrote, glücklicherweise wieder sehr gut ging. Trotzdem mussten die Vorbereitungen für diesen Tag erledigt werden. Mit Erleichterung stellte ich fest, dass dies dann überraschenderweise sehr gut klappte. Jedoch kurz bevor die Gäste kamen, fiel mir auf, dass ich den Zuckerrand an den Gläsern vergessen hatte. Das verzieh ich mir schließlich jedoch selbst mit einem erschöpften Achselzucken. Immerhin hatte ich es trotz der strapaziösen Umstände geschafft, ein köstliches Menü vorzubereiten. Die Tafel glänzte herrlich und festlich, die Kerzen strahlten besonders hell und der Ofendampf von holzigen Kräutern und süßem Lebkuchen waberte herrlich durch den Raum.

Der Abend war dann auch wie immer chaotisch, besinnlich, lecker, herzlich, laut, fröhlich, herzerwärmend, übersättigend, aufgedreht – also richtig schön. Nachdem wir Großen dann auf der Couch saßen und uns die Bäuche hielten, beobachtete ich überaus zufrieden die Kinder, die mit ihren Geschenken spielten. Auf einmal hielt eines der Kinder im Spiel inne. Ich sah, dass es im Kopf etwas hin und her bewegte. Die gesammelten Überlegungen gelangten schließlich zum Sprachzentrum und bahnten sich dann ihren Weg in meine Richtung: „Gab es nicht sonst immer so einen Zuckerrand an den Gläsern?" Kurz musste ich meine trägen Gedanken sortieren. Zuckerrand? Gläser? Der Aperitif war doch vor mehr als drei Stunden gewesen. Für mich war dieser Teil des Abends schon längst vergessen. Sichtlich verwirrt schaute ich meine Tochter an. Diese setzte erneut an, jedes Wort trug schwer an dem Vorwurf, der darauf lag: „Wirklich schade, dass es den nicht gegeben hat." Die Aufmerksamkeit der restlichen Weihnachtsgesellschaft lag nun auf unserer Tochter. Eine unbequeme Stille legte sich wie eine schwere Decke auf diese Szene. „Ja, der hat mir auch gefehlt. Der schmeckt immer so gut", durchschnitt dann plötzlich die Stimme der Schwester das Schweigen und brachte damit ihr enttäuschtes Bedauern zum Ausdruck. Dann widmeten sich beide wieder ihrem Spiel, als wäre nichts gewesen. Der Vorwurf verschwand unter zusammengeknülltem Geschenkpapier und Schokoladenstanniolfolie. Aber er war noch da. Ich spürte, dass er weiterhin mit dem Finger auf mich zeigte.

Ich war innerlich ziemlich fassungslos. Und es machte mich betroffen und vor allem sprachlos. Auf die Kritik meiner Töchter hatte ich gar nicht reagiert und offensichtlich wollten sie auch gar keine Erklärung. Sie hatten sich einfach nur mal kurz beklagen wollen. Ich hätte auch gar nicht gewusst, was ich hätte sagen sollen. Hinter uns lag immerhin ein behaglicher Abend mit wunderbarem Essen und viel Gemütlichkeit und das Einzige, was meinen Töchtern aufgefallen war, war diese eine winzige Kleinigkeit: dass der Zuckerrand gefehlt hatte. Ich selbst empfand diesen Zuckerrand nicht als besonders wichtig, da er ja nicht die Hauptsache war, sondern nur ein kleiner Bonus. Insgeheim ärgerte mich dieser Kommentar.

Immerhin hatte ich mir sehr viel Mühe mit diesem Abend gemacht. Und das nach dieser anstrengenden Nacht. Obwohl ich das natürlich gerne mache. Anstelle von Kritik wäre trotzdem vielleicht mal ein kleines Dankeschön nett gewesen. So grummelte ich eine Weile beleidigt vor mich hin, schwenkte den Wein im Glas und den Ärger in meinem Kopf, bis sich ein ganz anderer Gedanke dazugesellte: „Was ist eigentlich, wenn bei dir im Leben mal der Zuckerrand fehlt?"

Eigentlich kenne ich dieses Verhalten meiner Töchter doch zu gut. Wie oft vergesse ich, Gott zu danken, wenn alles gut oder einfach in rechten Bahnen läuft? Wenn jedoch irgendetwas passiert, was mir nicht in mein Leben passt, bin ich auch mal schnell dabei, das als ungerecht zu empfinden: „Wieso lässt du das zu, wieso ausgerechnet ich, muss das jetzt sein?" Hört sich doch fast so an wie: „Gott, wo ist der Zuckerrand in meinem Leben?" Und ich bin damit nicht allein. Ich muss nur die Schlagzeilen der Zeitungen nach großen Katastrophen lesen. Irgendwo steht er immer, dieser plakative, anklagende Satz: „Warum, Gott?" Noch nie habe ich den Satz gelesen: „Danke Gott! Dir haben wir das alles zu verdanken, du bist so gut!" Manchmal habe ich das Gefühl, dass die Menschen Gott mit seinem Widersacher verwechseln. Das Gute wird Gott kaum zugeschrieben. Das Schlechte allerdings schon.

> „Denn obwohl sie schon immer von Gott wussten, verweigerten sie ihm die Ehre und den Dank, die ihm gebühren. Stattdessen kreisten ihre Gedanken um Belangloses, und da sie so unverständig blieben, wurde es schließlich in ihrem Herzen finster."
>
> Römer 1,21

Doch bin ich selbst so viel besser, nur weil ich glaube, dass Gott mein Vater und Herr ist? Oft nehme ich das, was Gott mir gewährt, als zu selbstverständlich hin. Denn eine Garantie für ein vollkommenes Leben hier auf dieser Erde gibt es nicht mehr, seit Adam und Eva sich gegen Gott entschieden haben. Trotzdem beschenkt uns Gott so oft überreich und füllt unser Lebensglas mit Gnade und Liebe, sodass es schier überläuft. Und ich möchte mit vollen Händen daraus schöpfen und diese süße Köstlichkeit in vollen Zügen genießen. Und manchmal ist dann einfach alles perfekt. Das ist dann der Zuckerrand in meinem Leben. Diesen knabbere ich genussvoll ab und lasse mir die Süße auf der Zunge zergehen. Und auch, wenn er mal fehlt: Die Fülle bleibt. An diesem Heiligabend wurde ich mir dessen erneut bewusst. Dankbarkeit ist die Basis meiner Zufriedenheit. Ich darf erkennen, wie beschenkt ich von Gott bin, für immer und für alle Zeiten. Der Pastor unserer Gemeinde verwendete in einer seiner Predigten ein treffendes Bild: Wenn du in der Dankbarkeit lebst, bist du nicht hungrig und hast Kraft zu widerstehen, um nicht in die Frucht zu beißen. Daher halte ich mir dankbar vor Augen, dass Gott uns in seinem Sohn Jesus Christus das größte Geschenk überhaupt gemacht hat. Ich bin dankbar dafür, dass er sich trotz der widrigen Umstände auf den Weg gemacht hat, damit ich ein Leben in Fülle haben kann. Mal mit und mal ohne Zuckerrand.

> **„Im Namen unseres Herrn Jesus Christus dankt Gott, dem Vater, zu jeder Zeit und für alles!"**
> Epheser 5,20

Am Heiligabend im darauffolgenden Jahr fehlte der Zucker-rand übrigens nicht mehr. Nachdem wir angestoßen hatten, machte ich meine Töchter darauf aufmerksam. Ihr Kommen-tar dazu: „Den machst du doch immer!" Dass sie sich letztes Jahr über dessen Fehlen beschwert hatten, wussten sie gar nicht mehr. Auch das, habe ich gedacht, ist irgendwie typisch menschlich ...

Muttertag

„Das Leben der Eltern ist das Buch,
in dem die Kinder lesen."
Augustinus

Dass es auf den Muttertag zugeht, kann man ganz einfach an den vielen herzförmigen Verpackungen oder herzförmigen Lebensmitteln erkennen, die plötzlich in den Regalen der Supermärkte liegen. Werbetexter überschlagen sich geradezu an Lobhymnen und sentimentalen Phrasen über die Mutter. In Prospekten und der Fernsehwerbung lächeln weichgezeichnete Frauen sanft um die Wette, während sie im Kreis ihrer Liebsten in einem Blumenmeer baden.

Also ich mag den Muttertag. Wirklich! Ich liebe die wunderschönen Basteleien meiner Kinder und ihren Eifer, mir einen herrlichen Tag bereiten zu wollen, vom Aufwachen bis zum Schlafengehen. Und ich sehe, dass sie das aus tiefster Dankbarkeit und Liebe tun. Darüber freue ich mich unglaublich. Die Schmetterlinge in meinem Bauch flattern wie wild dazu, während mein Herz von einem Orkan von Zärtlichkeit umweht wird.

Was mir jedoch, bei all den ursprünglich wunderbaren Intentionen, nicht gefällt, ist das Bild der Mutter, das besonders an diesen Tagen vermittelt wird: der Mythos der perfekten Mama. Die Medien spielen gerne mit diesem Motiv und plustern die Vorstellung auch schon mal ganz schön auf. Für mich war dieses Bild lange Zeit nur eines: überfordernd. Eine Herausforderung, der ich nicht gewachsen war. Und es geht ja nicht nur mir so. Ich habe viele Mütter, aber auch Väter, in meinem Freundeskreis, die daran zweifeln, gute Eltern zu sein, obwohl sie in meinen Augen liebevoll sind und das Beste für ihre Kinder wollen. Viele scheitern an diesen Bildern aus Filmen, Werbung oder Social Media, nicht nur zum Muttertag, und leben mit Selbstzweifeln und Selbstvorwürfen, weil sie Angst haben, nicht zu genügen. Überall werden uns perfekte Leben und perfekte Persönlichkeiten vorgeführt. Dass dies alles natürlich nicht wirklich perfekt und oft nur eine ausgedachte Filmszene oder eine inszenierte Momentaufnahme ist, vergessen oder verdrängen wir oft. Das Bild bleibt hartnäckig im Gedächtnis kleben und drängelt sich stets vor die Vernunft, die das Blendwerk längst durchschaut hat.

Doch tatsächlich veränderte sich im Laufe der Zeit meine Einstellung. Ich weiß gar nicht mehr, woran es lag, aber irgendwann dachte ich, dass es auch gar nicht meine Absicht sein sollte, meinen Kindern eine perfekte Mutter, geschweige denn ein perfekter Mensch zu sein. Denn weder bin ich das, noch werden meine Kinder das jemals sein. Weil ich nun mal eben ein Mensch bin. Ich habe beschlossen, dass ich meinen Kindern nicht Perfektion vorleben möchte, sondern den Umgang mit eben diesem Unperfektsein. Das bedeutet, dass ich Fehler mache. Genauso wie sie in ihrem Leben einmal Fehler machen werden. Und das sollen meine Mädels auch ruhig sehen. Denn ich möchte ihnen die Handhabung damit lehren und vorLEBEN. Nicht eine leblose Theorie predigen, sondern eine Praxis, die unvermeidlich mit dem menschlichen Dasein einhergeht: das Lernen aus Fehlern, das Wiederaufstehen, das Sich-damit-Auseinandersetzen. Und das Wichtigste: wo es nötig ist, um Verzeihung zu bitten und vergeben zu können. Das fällt mir nicht immer leicht. Doch um meiner Kinder willen arbeite ich daran. Ich kann nicht etwas von meinen Mädels verlangen, was ich selbst nicht lebe und übe. Ich bin dankbar, dass ich diese Lebenswahrheit durch meine Kinder verstanden habe.

> **„Hast du dich gegen Gott aufgelehnt? Bist du eigene Wege gegangen und eigenen Plänen gefolgt? Dann hör auf damit! Kehr deinem alten Leben den Rücken und komm zum HERRN! Er wird sich über dich erbarmen, denn unser Gott ist gern zum Vergeben bereit."** Jesaja 55,7

Wenn ich meinen Kindern unrecht getan habe, entschuldige ich mich bei ihnen. Sie dürfen erkennen, dass ich Fehler mache, dass ich dafür jedoch Verantwortung übernehme und deshalb um Verzeihung bitte. Ich möchte meinen Kindern vermitteln, dass Liebe und Vergebung unsere Lebensquellen sind. Und dass dies nicht aus mir heraus geschieht oder aus meiner Kraft möglich ist, sondern dass wir einen großen und gütigen Gott haben, der der Ursprung für all das ist.

> **„Wir lieben, weil Gott uns zu zuerst geliebt hat."**
> 1. Johannes 4,19

Ich möchte meinen Kindern zeigen, dass ich abhängig bin von Gott. Dass ich sie über alles liebe und diese Liebe ihren Ausgangspunkt in Gottes Liebe zu mir hat.

Ich kann nicht basteln, nicht nähen und nicht besonders gut backen. Ich werde manchmal laut und verliere die Beherrschung. Das Essen ist nicht immer hundertprozentig gesund und die Staubmäuse unter der Couch können schon mal zu einer beeindruckenden Größe heranwachsen. Und dann gibt es die Tage, an denen ich einfach zu müde bin und das gemeinsame Spiel durch die Spielekonsole ersetze. Was ich ihnen jedoch gebe, sind meine bedingungslose Fürsorge und Liebe. Eine Bilderbuchmama werde ich wohl nie sein. Doch wer definiert das schon? Dass das gar nicht nötig ist, zeigen mir die Nähe und die Vertrautheit meiner Kinder. Und auch die Unmengen an herzförmigen Geschenken und Mahlzeiten, mit denen sie mich am Muttertag überschütten.

Der zerbrochene Haarreifen

„Denn wenn sie in Bedrängnis waren, litt auch er.
Immer wieder ist er durch seinen Engel zu ihnen
gekommen und hat sie gerettet. Er befreite sie damals
vor langer Zeit, weil er sie liebte und Mitleid mit ihnen
hatte. Er nahm sie auf die Arme und trug sie Tag für Tag."
Jesaja 63,9

Die Tränen liefen ihr wasserfallartig über die Wangen, tropften am Kinn herunter und besprenkelten ihr T-Shirt. Tieftraurig hielt sie mir ihren zerbrochenen Haarreifen entgegen. Ihr Lieblingsstück. Er war schon ein paar Jahre alt, das Überbleibsel eines schreiend türkisen Prinzessinnenkostüms. Das Plastik war porös und die geschmacklose Silberfarbe schon lange abgeblättert. Ich fand ihn nie wirklich schön, aber letztendlich musste er mir nicht gefallen. Meine sechsjährige Tochter hingegen liebte dieses abgegriffene Ding und trug es fast täglich. Nun war das billige Schmuckteil kaputt und eigentlich könnte es mir egal sein. Mir war klar, dass ihre Trauer sowieso nur von kurzer Zeit sein und sie den Haarreifen bald vergessen würde. Dass er gar nicht so wichtig war, wie sie es jetzt im Moment dachte. Ich wusste, wie belanglos er war und dass sie das irgendwann auch erkennen würde. Doch nun stand meine kleine Tochter völlig aufgelöst und verzweifelt vor mir, das zerbrochene Plastik in ihren kleinen Händen. Und ich konnte nicht anders, als Mitleid zu haben und mit ihr traurig zu sein. Ich nahm sie in den Arm und tröstete sie. Sie tat mir unheimlich leid. Auch wenn mir ihr kaputter Haarreifen egal und er in meinen Augen vollkommen unbedeutend war. Deshalb arbeitete es in meinem Kopf bereits und ich überlegte, wie ich meine Tochter wieder froh machen und ihren Kummer lindern könnte.

„Wir versuchen ihn zu reparieren", sagte ich dann zu ihr.

Sofort hellte sich ihre Miene auf und diese Hoffnung in ihr zu sehen, machte mich froh. Mithilfe von Unmengen an Klebeband gelang es mir, den Haarreifen provisorisch zu reparieren. Man sah dem Teil an, dass es nicht für die Ewigkeit gedacht war. Außerdem sah es jetzt viel schlimmer aus als vorher. Doch meine Tochter war überglücklich. Sie bedankte sich überschwänglich, schob ihn sich ins Haar und hüpfte beschwingt davon. Es war so schön, sie wieder fröhlich zu sehen. Innerlich belächelte ich ein wenig ihre sentimentalen Gefühle für ihren verschlissenen Haarreifen und wie sehr ihr Herz daran hing. Trotzdem war es mir nicht egal gewesen, meine Tochter so traurig zu sehen. Unwillkürlich musste ich an all die Dinge denken, an die ich mein Herz in dieser Welt hänge. All das, was mir unglaublich wichtig erscheint, jedoch aus Gottes Perspektive nicht mehr ist als ein dürftiger Haarreifen. So wie C. S. Lewis sagte: *„Alles, was nicht ewig ist, ist in der Ewigkeit wertlos."* Und dennoch: Wenn ich mich, als unvollkommener Mensch, so um die kleinen Sorgen meiner Tochter kümmere und trotz aller Weitsicht mit ihr mitfühle, wie könnte ich dann jemals daran zweifeln, dass Gott, der perfekte Vater, meine „Kleinigkeiten" nicht verstehen oder gar als unwichtig ansehen könnte? Kein Detail ist ihm unwichtig. Er hat alle Sterne gezählt und nennt sie beim Namen (Psalm 147,4) und er kennt sogar die Anzahl der Haare auf unseren Köpfen (Matthäus 10,30).

Gott weiß alles, jeden Augenblick meines Lebens.

Er kennt mein Leid, meinen Schmerz und jede Träne, die ich vergossen habe. Gott ist da. Er sieht mich, wenn ich über meine zerbrochenen Kinkerlitzchen in meinen Händen weine, und er sieht mich auch, wenn ich fassungslos und ohnmächtig vor den großen Trümmern meines Lebens stehe, wenn mich die Herzensqual zu zerreißen droht.

In der Bibel wird im Lukasevangelium davon berichtet, wie Jesus einem Trauerzug begegnet. Der einzige Sohn einer Witwe war gestorben. Jesus sah die Trauer dieser Frau. Und obwohl er bereits wusste, dass er ihren verstorbenen Sohn wieder lebendig machen würde, war ihm ihr Kummer, ihre innerliche Qual, nicht egal. Er war von ihrem Leid tief bewegt.

> **„Als Jesus, der Herr, die Frau sah, war er von ihrem Leid tief bewegt. ‚Weine nicht!', tröstete er sie."**
> Lukas 7,13

Wenn ich Gott voller Schmerz meine zerbrochenen Teile entgegenhalte, wird er dies niemals belächeln und mir das Gefühl geben, dass ich mich lächerlich verhalte. Mitleid wird ihn ergreifen und er wird mir zusprechen: „Weine nicht!" Auch wenn er durch meine Trauer bereits hindurchsieht und, wie in dem Beispiel oben, schon weiß, dass sich alles zum Guten wenden wird, weil er das große Ganze in seinen Händen hält. Und wenn er etwas repariert, wird es nicht provisorisch sein, sondern vollkommen und für die Ewigkeit gedacht. Dessen ungeachtet möchte er mich schon jetzt, in meiner Situation, trösten, weil es für ihn keine Kleinigkeiten gibt. Weil er mein mitfühlender Vater ist!

Es dauerte nicht lange und die Liebe meiner Tochter zu ihrem Haarreifen war abgekühlt. Bei der nächsten großen Aufräumaktion in ihrem Zimmer fand ich ihn achtlos in einer Kiste liegen zwischen allem möglichen Zeug. Das Klebeband hatte sich gelöst und die Teile hingen nur noch am seidenen Faden aneinander. Ich hielt ihr das, was von dem Haarreifen übrig geblieben war, entgegen und fragte sie, was damit geschehen sollte. Sie sah nur kurz hin und sagte: „Ach, der kann weg!"

Jesus, der Mensch

„Dann kam Jesus heraus. Er trug die Dornenkrone
und den roten Mantel. Pilatus forderte die Menge auf:
‚Seht ihn euch an, was für ein Mensch!‘“
Johannes 19,5

„Die Kinder können nun in ihren Kindergottesdienst gehen.
Wir wünschen euch eine gute Zeit.“

Jeden Sonntag, nachdem diese Worte gesprochen werden,
geht ein Sausen und Donnern durch den Raum. Zuvor ungeduldig scharrende Kinderfüße setzen sich dann in Bewegung.
Einige Kinder rennen, einige hüpfen, nur wenige schreiten
gemächlich. Ein paar verabschieden sich lautstark von ihren
Eltern, von anderen zeugt nur noch die warme Sitzfläche davon, dass sie eben noch da gewesen sind. Und ganz vielleicht
könnte eine meiner Töchter auch einmal ein erleichtertes „Na
endlich!“ in den Saal geseufzt haben.

Diesen Moment des Gottesdienstes feiere ich innerlich
jedes Mal. Er ist so lebendig und vollkommen aufrichtig, un-
verstellt und ungefiltert. Meine Töchter gehen sehr gerne in
ihren Kindergottesdienst. Überreden musste ich sie dazu nie.
Sie kommen stets fröhlich und ein wenig aufgedreht zurück,
besonders an den Tagen, an denen es eine kleine Süßigkeit gegeben hat. Da meine Eltern nicht in den Gottesdienst gegangen sind, war ich auch niemals in einem Kindergottesdienst

oder in der Sonntagsschule, wie es früher noch hieß. Daher kann ich auch schwer nachvollziehen, wie viel meine Kinder tatsächlich aus dieser Gruppe mitnehmen, was sie bereits verstehen können oder ob es vielleicht nicht mehr ist als ein dankbares Alternativprogramm zur „langweiligen und lahmen" (Zitat Tochter) Erwachsenenpredigt. Aber dennoch bin ich dankbar zu wissen, dass meine Töchter jedes Mal, wenn sie dort sind, lernen dürfen, dass Jesus sie über alles liebt und dass sie niemals allein sind. Sie lauschen den Geschichten aus der Bibel, die sie ermutigen und stärken, da sie davon erzählen, dass Gott sich um sie sorgt und kümmert. Sie dürfen in dem Wissen und mit dem Zuspruch aufwachsen, dass sie wunderbar gemacht und in Gottes Augen etwas ganz Besonderes sind. Diese Vorstellung finde ich einfach nur wundervoll und ich denke, dass jedes Kind es unbedingt verdient hat und es von grundlegender Bedeutung ist, dies immer wieder zu hören.

Es war einmal kurz vor Ostern und nicht nur die „langweilige und lahme" Erwachsenenpredigt handelte von der Passionszeit Jesu, sondern diese war auch Thema im Kindergottesdienst. Wieder zu Hause drückte mir meine sechsjährige Tochter ein von ihr gemaltes Bild in die Hand. Es zeigte Jesus, der am Kreuz hing. Ich betrachtete die Zeichnung und irgendetwas kam mir seltsam daran vor. Und es war nicht, dass das Bild für diese eigentlich zutiefst erschütternde Begebenheit sehr farbenfroh war, mit vielen Blumen neben dem Kreuz, einem sonnigen Himmel, der mit kleinen Schäfchenwolken gesprenkelt war, und sogar einem kleinen Hasen, der sich nach Golgatha verirrt hatte. Und auch nicht, dass Jesus am Kreuz tatsächlich lächelte, denn so malte meine Tochter nun mal Menschen. Schlagartig erkannte ich, was mich an dieser Darstellung so verwirrte: Unter den ausgestreckten Armen von Jesus standen dunkle Striche kreuz und quer in alle Richtungen ab. Prompt sprach ich, ohne zu überlegen, meinen Gedanken laut aus: „Jesus hat ja Achselhaare!" Meine Tochter sah mich vollkommen unverständig an, so als hätte ich gerade etwas sehr Dummes gesagt. „Ja klar hat Jesus da Haare! Hat der Papa doch auch." In dem Moment erkannte ich, dass ich tatsächlich etwas sehr Dummes gesagt hatte. Dank meiner Tochter wurde mir wieder ganz neu bewusst: Jesus ist nicht nur ganz Gott. Jesus war auch ganz Mensch.

Manchmal scheine ich diese Tatsache zu ignorieren. Immer wieder merke ich, wie sehr mein Denken von äußeren Bildern beeinflusst wird. Besonders Jesus-Darstellungen der abendländischen Kirchenkunst geistern dabei immer wieder durch meinen Kopf. Gezeigt wird hier oft ein – selbst im Leiden und Sterben am Kreuz – schöner, gepflegter (und köperhaarloser) Mann mit seligem Gesichtsausdruck. Auch wenn neuzeitliche Darstellungen dieses Bild zu korrigieren versuchen, so schränke ich mich selbst dadurch extrem ein oder verfälsche wahrscheinlich unbewusst das biblische Bild.

> **„Gott ließ seinen Diener emporwachsen wie einen jungen Trieb aus trockenem Boden. Er war weder stattlich noch schön. Nein, wir fanden ihn unansehnlich, er gefiel uns nicht!"**
> Jesaja 53,2

Mitunter sehe ich bei mir die Gefahr, dass ich dieses überhöhte und überzeichnete Bild, dass ich von Jesus habe, nicht nur auf seine äußere Erscheinung projiziere, sondern auch auf sein

Leben und Wirken als wahrer Mensch. Ich muss mich selbst daran erinnern, dass Jesus zwischen seiner ungewöhnlichen Geburt und seinen drei intensiven Wirkungsjahren bis zu seinem Tod dreißig Jahre lang ein weitgehend normales Leben geführt hat. Die Bibel berichtet lediglich von einer Begebenheit im Tempel, als Jesus zwölf Jahre alt gewesen ist. Ansonsten erfahren wir nichts über diesen Zeitraum. Die Bibel ist nämlich ein Meisterwerk darin, nur das Notwendige zu erzählen und nichts Überflüssiges hinzuzufügen. Deshalb: Wenn nichts über diese Zeit von Jesus auf Erden geschrieben steht, wird höchstwahrscheinlich auch nichts „Außergewöhnliches" geschehen sein, könnte man interpretieren. Oder anders ausgedrückt: Jesus führte wohl ein stinknormales Leben. Alltag eben. In meiner Vorstellung beschränke ich Jesus' Leben jedoch auf die Episoden aus den Evangelien und meiner Meinung nach birgt dies das Risiko in sich, sein Leben als wahrhaftiger Mensch zu schmälern.

Wenn ich auf meine ersten dreißig Jahre zurückblicke, dann ist da bereits eine Menge Leben passiert und im Gegensatz zu Jesus bin ich sehr oft gestrauchelt, gefallen und gescheitert. Doch all diese Lebenserfahrungen, die damit einhergingen, darf ich Jesus nicht absprechen. Das, was wir als Menschen erleben, hat auch Jesus in seiner Zeit auf Erden erlebt. Seine Geschichte unterscheidet sich in vielen Punkten kaum von unserer eigenen: Jesus war ein Sohn, ein Bruder, ein Freund, ein Schüler, ein Gottesdienstbesucher, ein Lehrling, ein Arbeiter und ein Lehrer. Er hatte Hunger und Durst, feierte und trauerte, lachte und zürnte, empfand Glückseligkeit und Kummer. Er wurde sogar in Versuchung geführt, widerstand jedoch. Er wusste, was es bedeutet, Angst und Schmerz zu erleiden, er erlebte Geborgenheit und Einsamkeit, Freundschaft und Feindschaft. Menschen begegneten ihm mit Neid, Argwohn und Hass, aber auch mit Bewunderung, Hingabe und Liebe. Jesus wurde geboren und er starb.

An dieser Stelle könnte man fragen, ob es denn tatsächlich notwendig gewesen war, dass Gott ein ganzes Menschenleben führen musste. Denn wenn die Bibel sowieso nichts von Jesus' ersten dreißig Jahren auf dieser Erde berichtet, wäre es dann nicht ausreichend gewesen, wenn Gott Jesus als erwachsenen Mann auf die Erde gesandt hätte, ihn einige Zeit hätte Wunder vollbringen und sein Wort verkünden lassen und ihn dann am Kreuz sterben zu lassen? Würde diese Variante Jesus' Opfertod schmälern, den Sieg, den er errungen hat? Natürlich in keiner Weise! Aber ich bin mir sicher, dass ein ganz anderer Beweggrund dahintersteckte.

In dem Buch „Dienstanweisungen für einen Unterteufel" von C. S. Lewis gibt ein „Onkel", der höllische Unterstaatssekretär, seinem unerfahrenem „Neffen", einem Unterteufel, in einunddreißig Briefen zahlreiche Anweisungen, wie man die Seele eines Menschen durch menschliche Schwächen zur Sünde verführen kann. Direkt zu Beginn erklärt der Onkel seinem Neffen aber erst einmal, welches ihre eigene, größte Schwäche ist:

„Da du selber nie Mensch gewesen bist (oh, dieser abscheuliche Vorteil des Feindes!), kannst Du auch nie völlig ermessen, wie unheimlich diese Kreaturen dem Zwang des Gewöhnten versklavt sind."[2]

Der Feind in diesem Text ist Gott. Und er hat in den Augen des „Onkels" einen „abscheulichen Vorteil": Er ist selbst Mensch gewesen. Diesen Faktor auszublenden würde also bedeuten, einen der größten Siege über den Widersacher zu ignorieren oder sogar auf die leichte Schulter zu nehmen.

Manchmal spreche ich mit Menschen, die mit Gott hadern. Eine Begründung ist dabei oft, dass Gott „da oben" ein ferner Gott sei und er deshalb weder Interesse an uns habe noch überhaupt wisse, wie es uns ergeht. In ihrer Vorstellung ist Gott wie ein Vater, der sein Kind bei der Kinderbetreuung in einem Möbelhaus abgegeben hat und dann in aller Ruhe einen Kaffee im Restaurant trinken geht. Er bekommt dort nicht mit, wie es dem Kind geht, und wenn eine Stimme über den Lautsprecher säuselt „... möchte gerne abgeholt werden", interessiert es ihn nicht sonderlich. Dazu denken einige, dass Jesus auch kein richtiger Mensch gewesen ist, sondern ein Gott, der auf Erden wandelte und somit weiterhin eine Distanz zwischen Gott und den Menschen vorhanden war. Doch Jesus war ganz Mensch. Das dürfen wir nicht ausblenden. Indem Gott Mensch wurde, und das nicht nur für eine Probezeit, riss er die Mauer, die uns von ihm trennte, ein. Jesus kennt alle Facetten der menschlichen Gefühlspalette, jegliche Höhen und Tiefen. Er kann unsere Ängste und Sorgen nachvollziehen und er weiß um unsere Dilemmas und Bedrängnisse. Er versteht menschliche Konflikte und Verstrickungen und obwohl er niemals gesündigt hat, hat er gleichwohl erlebt, wie tückisch und hinterlistig Versuchungen sein können.

> „Deshalb musste er uns, seinen Brüdern und Schwestern,
> auch in allem gleich werden. Dadurch konnte er ein
> barmherziger und zuverlässiger Hohepriester für uns werden
> und sich selbst als Sühneopfer für unsere Sünden Gott
> darbringen. Denn weil er selbst gelitten hat und denselben
> Versuchungen ausgesetzt war wie wir Menschen,
> kann er uns in allen Versuchungen helfen."
>
> Hebräer 2,17-18

War es leicht für Jesus gewesen, Mensch zu werden, die vollkommene Gemeinschaft mit Geist und Vater zu verlassen? Höchstwahrscheinlich nicht. War es ihm das wert gewesen? Ganz gewiss! Welch unermessliche Liebe und große Sehnsucht muss Gott für uns haben. Er hat die reine Geistlichkeit verlassen und ist ganz Mensch geworden. Mit allem, was dazugehört. Jeder, der einmal einen Säugling in den Armen gehalten hat, weiß um dessen Verletzlichkeit. Gott hat sich verletzlich gemacht, indem er einer von uns wurde. Dabei hat das menschliche Leben mit all seinen Erfahrungen und Erlebnissen, die es eben mit sich bringt, niemals die perfekte Beziehung zwischen Jesus und seinem himmlischen Vater trüben oder gar zerstören können. Jede menschliche Erfahrung hat Jesus dabei noch näher zu seinen geliebten Kindern gebracht, jegliche Distanz ist nunmehr hinfällig. Ich kann nur staunen, dass der Schöpfer des Himmels und der Erde alles, sogar sich selbst, in eine Beziehung investiert, um mir nahe zu sein.

Die eingangs beschriebene Geschichte vom Karfreitagskunstwerk meiner Tochter hat mir gezeigt, dass meine Töchter tatsächlich etwas aus „ihrem" Gottesdienst für sich persönlich

mitnehmen dank des unermüdlichen Einsatzes der Mitarbei-
ter. Meine Tochter hatte verstanden, dass Jesus eben auch ein
Mann wie ihr Vater gewesen ist. Ihr gemaltes Bild hing lange
Zeit an unserem Küchenschrank. Immer, wenn ich es sah,
musste ich ein wenig schmunzeln, weil der Anblick von Jesus'
Achselhaaren nach wie vor gewöhnungsbedürftig war. Aber
das Bild erinnerte mich jedes Mal: Jesus war ein Mensch. Und
um in der Bildsprache meiner Tochter zu bleiben: mit Haut
und Haar.

Wer nicht hören will

„Lasst euch also nicht von der Botschaft abbringen,
die ihr von Anfang an gehört habt. Wenn sie in euren Herzen
bleibt, dann werdet ihr für immer mit Gott, dem Vater, und
mit seinem Sohn Jesus Christus verbunden sein."
1. Johannes 2,24

„Zieh dir bitte eine Jacke an!"

„Ich will aber nicht!"

„Zieh sie bitte an!"

„Warum denn?"

„Weil es draußen sehr kalt ist."

„Mir ist aber nicht kalt."

„Bitte zieh sie dir an. Ich möchte nicht, dass du frierst und dich erkältest."

„Aber die Lea hat auch keine Jacke an."

„Das ist mir egal, wir haben Temperaturen um den Gefrierpunkt und ich möchte, dass du jetzt eine Jacke anziehst. Sonst bleibst du hier drin!"

Das war eine typische Diskussion, wie ich sie täglich mit einer oder beiden Töchtern gleichzeitig geführt habe, seit sie des Sprechens mächtig waren. Dabei könnte es sich genauso gut um Hausaufgaben, Süßigkeiten oder Fernsehen drehen – oder darum, dass man nicht auf dem Balkongeländer balancieren sollte, auch wenn die Schwester doch „ganz doll aufpasst". Meist folgte ein Einlenken des Kindes, manchmal mit Einsicht, oft genug aber mit viel Trotz und Unverständnis. Eigentlich fand ich es gut, dass meine Mädels Anweisungen hinterfragten und nicht nur blind ausführten. Weil ich ihnen dann erklären konnte, warum ich so handelte, und ihnen die Möglichkeit geben konnte, mich zu verstehen. Eigentlich. Aber eigentlich hätte ich es auch mal schön gefunden, nicht immer alle meine Anweisungen zu erklären und ständig diskutieren zu müssen. Eigentlich hätte ich mir gewünscht, dass sie mir, meiner Erfahrung und meinem Wissen einfach vertraut hätten.

Irgendwann hatte ich eine interessante Unterhaltung mit einer Freundin. Sie erzählte mir, dass sie lernen möchte, mehr Fragen an einen Bibeltext zu stellen. Sie meinte, dass sie die Texte meist lese und zufrieden mit dem sei, was sie da gerade gelesen habe. Sie nähme einfach an, was dasteht. Das wollte sie ändern. Sie möchte kritischer sein, um tiefer in den Text eintauchen zu können, und nicht nur die Oberfläche betrachten. Ihr Vorsatz machte mich nachdenklich. Ich grabe mich gerne mal in einen Bibeltext hinein, um den Schatz in ihm zu entdecken. Dabei erschließt sich mir oft ein neuer Blickwinkel. Meiner Meinung nach ist es vollkommen unmöglich, die Bibel jemals fertig zu lesen. Die Texte halten so unglaublich viel bereit und je nach Situation (und Gefühlslage) lese und verstehe ich einen Vers plötzlich ganz anders, als ich ihn vielleicht beim letzten Mal erfasst habe.

Aber ich denke nicht, dass die bisherige Einstellung meiner Freundin zum Bibellesen falsch war, im Gegenteil. Ich denke, dass es ein verwurzeltes Vertrauen ausdrückt, das sie zu ihrem himmlischen Vater hat. Letztendlich ist es wohl wie mit vielen

Dingen im Leben: Eine gute Mischung ist wichtig. Aristoteles nannte es in der Nikomachischen Ethik den goldenen Mittelweg. Er war der Ansicht, dass es gelte, Extreme zu vermeiden. Doch, auch das war seine Überzeugung, liege die Mitte bei jedem woanders. Sie hänge von der jeweiligen individuellen Persönlichkeit ab. Der eine möchte gerne mehrere Kapitel der Bibel am Stück lesen, ein anderer befasst sich schon mal wochenlang mit einem einzigen Vers. Den richtigen Weg muss wohl jeder für sich selbst austüfteln.

Dennoch, so dachte ich, ist das irgendwie auch schön: lesen und einfach annehmen. Annehmen können, weil ich Gott und seinen Worten vertraue. Ich vertraue ihm, dass er es gut mit mir meint, und denke nicht argwöhnisch, dass ich etwas im Kleingedruckten übersehen könnte oder dass er mir das Leben schwer machen möchte. So wie meine Kinder das wohl manchmal von mir denken, wenn ich mit ihnen spreche. Wenn ich ihnen jedoch verbiete, mit Inlineskates auf dem Fahrrad den Hügel herunterzurasen, dann tue ich das nicht, um ihnen die Freude am Leben zu nehmen, sondern um sie vor Schrammen oder Frakturen zu schützen. Wenn sie sich für etwas, das sie angestellt haben, entschuldigen und ich ihnen sage, dass ich nicht mehr böse bin und alles vergeben ist, dann meine ich das ernst und will sie nicht in einer falschen Sicherheit wiegen. Und wenn ich ihnen sage, dass ich sie über alles liebe, dann plaudere ich das nicht einfach so daher, sondern ich meine es aus tiefstem Herzen.

Das, was ich als unvollkommene Mutter mir selbst zuspreche, spreche ich Gott, dem vollkommenen Vater, seltsamerweise oft ab. Denn in meinem Trotz, meiner Dickköpfigkeit und meiner Eigenwilligkeit bin ich oft blind dafür, dass Gott es gut mit mir meint. Dass er sich Sorgen macht. Dass ich ihm nicht gleichgültig bin. Wie oft möchte ich die warme Jacke, die Gott mir anbietet, weil es draußen in der Welt oft bitterkalt ist, nicht anziehen. Denn eigentlich wird es erst dadurch schwer, dass ich seinen Worten keinen Glauben schenke. Möglicherweise, nein, bestimmt ginge ich viel leichter und mit weniger Sorgen beladen durchs Leben, würde ich mehr mit Gott rechnen, mehr erwarten, mehr glauben und gehorsam sein. Nicht immer nur diskutieren und alles skeptisch kaputt interpretieren, sondern lesen, annehmen und vertrauen. Wenn also Jesus sagt: *„Du sollst nicht töten! Du sollst nicht die Ehe brechen! Du sollst nicht stehlen! Sag nichts Unwahres über deinen Mitmenschen! Ehre deinen Vater und deine Mutter, und liebe deinen Mitmenschen!"* (Matthäus 19,18-19), dann sollte ich wissen, dass er mich und meine Mitmenschen vor Verletzungen und Schmerzen schützen möchte. Wenn in der Bibel steht *„Ich vergebe ihnen ihre Schuld und denke nicht mehr an ihre Sünden"* (Hebräer 8,12), dann nehme ich das an und schleppe meine Schuld nicht weiter mit mir herum, argwöhnisch zweifelnd, ob mir Gott meine Sünde nicht doch eines Tages wieder vorhalten wird. Wenn ich von Gott lese *„Ich habe euch schon immer geliebt, darum bin ich euch stets mit Güte begegnet"* (Jeremia 31,3), dann glaube ich das. Dann glaube ich, dass ich sein geliebtes Kind bin. Wenn ich die wunderbaren Zusagen lese ...

„Fürchte dich nicht, denn ich stehe dir bei; hab keine Angst, denn ich bin dein Gott! Ich mache dich stark, ich helfe dir, mit meiner siegreichen Hand beschütze ich dich!"

Jesaja 41,10

„Wenn du durch tiefes Wasser oder reißende Ströme
gehen musst – ich bin bei dir, du wirst nicht ertrinken.
Und wenn du ins Feuer gerätst, bleibst du unversehrt.
Keine Flamme wird dich verbrennen."

Jesaja 43,2

„Und siehe, ich bin bei euch alle Tage bis an der Welt Ende."

Matthäus 28,20 (LUT)

… dann möchte ich einfach „JA!" dazu sagen. Ohne Wenn und
Aber. Ohne zu Hinterfragen. Mir gefällt der Gedanke: lesen
und vertrauen. Ich hoffe, dass es mir in Zukunft leichter fällt,
die warme Jacke, die Gott mir hinhält, einfach mal ohne Nör-
geln anzuziehen.

„Und Jesus fügte hinzu: ‚Wer Ohren hat,
der soll auf meine Worte hören!'"

Markus 4,9

Verloren und gefunden

„Der Menschensohn ist gekommen,
Verlorene zu suchen und zu retten."
Lukas 19,10

Mein Herz hämmerte gegen meine Kehle. Mein Blut rauschte mit Schallgeschwindigkeit durch meine Adern. Mein Blick hastete panisch umher. Und mein Kopfkino spielte mir die schlimmsten Szenarien vor. Ich war getrieben von einem einzigen Gedanken: „Wo ist mein Kind?"

In einem Sommer waren wir mit meinem Vater zusammen in den Urlaub an die Nordsee gefahren. Wir hatten eine große Ferienwohnung, von der wir in wenigen Gehminuten zum Strand gelangten. Das Wetter zeigte sich zu unserer Freude von seiner sonnigen Seite. Nur einmal saßen wir alle fünf zusammengequetscht in unserer Strandmuschel, erzählten reihum Witze und warteten darauf, dass der Regen endlich aufhören würde. Belohnt wurden wir nach einer recht kuscheligen halben Stunde mit wärmendem Sonnenschein, leuchtend blauem Himmel und einem einsamen Strand, da alle anderen Besucher das Weite gesucht hatten. Die gemeinsame Zeit mit meinem Vater war richtig schön. Meine Töchter waren zu dieser Zeit sechs und acht Jahre alt und freuten sich über ihren Opa, der gerne die ein oder andere Kugel Eis spendierte und immer wieder mal lustige Sachen im heimischen Dialekt sagte, den sie nicht verstanden. Meistens waren wir am Strand, aalten uns entspannt in der Sonne und beobachteten die Kinder beim Sandburgenbauen oder Sammeln von Krebsen im Watt. Abends gingen wir an der kilometerlangen Promenade spazieren. Für meine Töchter war dieser Weg ein Traum. Mit ihren Rollern flitzten sie hin und her, sodass wir ihnen immer wieder warnend zurufen mussten, auf die anderen Spaziergänger zu achten. Meistens endete unser Rundgang an einer kleinen Strandbar. Dort saßen wir dann, jeder mit einem leckeren Getränk versorgt, auf unseren Logenplätzen und genossen den dekadenten Ausblick auf das fulminante Schauspiel, das jeden Abend gegeben wurde: der Sonnenuntergang. Egal, wie oft ich dieses Stück bereits gesehen hatte, nie wurde mir die Darbietung langweilig. Ich konnte mich einfach nicht sattsehen an dieser pompösen Schönheit und dem majestätischen Farbenspiel, besonders da keine Vorstellung der anderen glich. Und wenn ich mich umblickte, ging es nicht nur mir so. Alle Menschen um uns herum beobachten gebannt, ja, fast andächtig, die untergehende Sonne. Wie sie ihr honigfarbenes Licht über alles ergoss, den Himmel sorgfältig flieder- und roséfarben betupfte und mit ihren letzten tröstenden Strahlen alle zum Abschied umarmte, bis sie schließlich mit dem Meer verschmolz. Zurück ließ sie einen magentafarbenen Streifen am Horizont, der einem Versprechen gleichkam, dass sie nach der Dunkelheit der Nacht wiederkehren würde. Ich war fasziniert und dankbar für diese Gabe, die Gott uns jeden Tag aufs Neue machte, für die Hoffnung und die Zusage, die er uns in Form dieser vollkommenen Pracht anbot. Nichts und niemand vermochte ein exzellenteres Drehbuch für dieses Schauspiel zu schreiben als der Künstler des Himmels.

Am letzten Abend flanierten wir noch einmal über die Promenade. Sehr viele Menschen waren unterwegs und die beiden Mädchen mussten vorsichtig mit ihren Rollern fahren. Wir drei Erwachsenen schlenderten gemächlich in ein Gespräch vertieft den Mädels hinterher. Der Abstand zwischen uns wurde immer größer, doch darüber machte ich mir keine Gedanken, da sie bisher immer wieder recht schnell zu uns zurückgefahren waren. Dieses Mal jedoch dauerte es länger als sonst und sie waren auch nicht mehr in meinem Sichtfeld. Endlich sah ich eine meiner Töchter. Sie fuhr zu uns und ich fragte sie, wo ihre Schwester sei. „Ich weiß nicht, ich hab sie nicht mehr gefunden." Das war der Augenblick, in dem mein Verstand sich ausschaltete und Platz machte für meinen Instinkt. Sofort teilten wir uns auf, um sie zu suchen. Ich blieb einfach an der Stelle stehen, damit wir nicht versehentlich aneinander vorbeiliefen. Zunächst war da nur ein Kribbeln in meinem Bauch. Ich zupfte nervös an meinen Fingerkuppen und ließ meinen Blick in alle Richtungen schweifen. Doch je mehr Zeit verging, ohne dass mein Mann oder mein Vater mit meiner Tochter zurückkam, desto aufgewühlter wurde ich. Fieberhaft dachte ich darüber nach, was wohl geschehen sein könnte. Mein Gedankenkarussell schwankte zwischen „Von Sorge gelähmt sein" und hektischem „Umherrennen wollen", zwischen „Sie wird bald wieder da sein" und „Hoffentlich ist nichts Schlimmes passiert". Als wieder eine längere Zeitspanne vergangen war, merkte ich, dass meine noch mit Mühe nach außen hin aufrechterhaltene Contenance allmählich dahinbröckelte. Ich spürte mein Gesicht ganz heiß werden und wie die Tränen sich in meinen Augen sammelten. Das Einzige, was ich in diesem Augenblick erflehte, war, meine Tochter wieder wohlbehalten in meine Arme schließen zu können.

Endlich erspähte ich meinen Mann in der Menschenmenge. Zuerst sah ich sein fröhliches Gesicht und dann die beiden Mädchen auf ihren Rollern, die ihn links und rechts eskortierten. Eine Woge der Erleichterung erfasste mich und als ich wieder aus ihr auftauchte, konnte ich endlich wieder frei atmen. Dann liefen mir doch einige Tränen über die Wangen. „Mama, Papa und ich haben sie gefunden!", sagte meine eine Tochter. Fröhlich kam meine andere, wiedergefundene Tochter auf mich zugefahren. Ihre geröteten Augen verrieten mir aber, dass auch sie geweint hatte. Ich nahm sie in den Arm und drückte sie ganz fest an mich. Mein Mann erzählte mir, dass sie ziemlich weit vorgefahren war. Dann hätte sie uns nicht mehr gesehen und ist dann einfach stehen geblieben, damit wir sie finden könnten. Diese Taktik hatten wir unseren Töchtern beigebracht und nun war ich froh, dass sie sich daran erinnert hatte. Letztendlich jedoch rückte die Erklärung für ihr Verschwinden in den Hintergrund. Es war mir egal. Alles, was zählte, war, dass sie wieder zurück war. Zeit hatte an diesem Abend ihre Bedeutung verloren. Meine Tochter war vielleicht zwanzig Minuten verschwunden gewesen. Für mich hatte es sich aber wie eine Ewigkeit angefühlt.

Gott hat die Sorge um unsere Kinder in uns hineingelegt. Denn wir sind nach seinem Bilde geschaffen (1.Mose 1,27) und daher spiegeln wir, wenn auch undeutlich und trübe, Eigenschaften seiner selbst wider. Weil das so ist, wissen wir: Gott sorgt sich um uns. Und ganz besonders sorgt er sich, wenn wir uns von ihm entfernt haben, wenn wir verloren gehen. Dann macht Gott sich auf die Suche nach uns.

> **„Stellt euch vor, einer von euch hätte hundert Schafe und eins davon geht verloren, was wird er tun? Lässt er nicht die neunundneunzig in der Steppe zurück, um das verlorene Schaf so lange zu suchen, bis er es gefunden hat?"**
>
> Lukas 15,4

Warum das Schaf verloren ging, erfahren wir in diesem Gleichnis von Jesus nicht. Die Gründe dafür können vielfältig sein. Vielleicht hat es sich unabsichtlich zu weit von seinem Hirten entfernt, vielleicht hat es sich bewusst dazu entschieden, seine Gegenwart zu verlassen, oder vielleicht hat der Feind es aus seiner Gegenwart geraubt. Den Hintergrund erfahren wir nicht, den kennt nur Gott. Denn im Gegensatz zu mir verliert Gott seine Kinder niemals aus den Augen. Er durchschaut und versteht ihre Herzen ganz genau. Aber das Warum spielt in dieser Geschichte überhaupt keine Rolle. Jesus scheint hier klarmachen zu wollen, dass menschliche Motive nicht über das Handeln Gottes entscheiden. Der Hirte macht sich auf die Suche, egal, was in der Vergangenheit geschehen ist. Das Einzige, das für ihn zählt und ihn antreibt, ist seine Sorge um sein Schaf.

> **„Ebenso will euer Vater im Himmel nicht, dass auch nur einer, und sei es der Geringste, verloren geht."**
>
> Matthäus 18,14

Diese Geschichte ermutigt mich zutiefst. Sie zeigt mir, dass Gott sich immer wieder auf den Weg machen wird, um mich zu finden, ganz egal, was ich getan und wie weit ich mich von ihm entfernt habe. Er kümmert und sorgt sich um mich, um meiner selbst willen, und bemisst mich nicht nach meinen

Taten. Als ich meine Tochter auf der Promenade vermisste, war alles, was ich in diesem Schreckmoment wollte, sie wieder bei mir zu haben, egal zu welchem Preis. Daran können wir ermessen, wie viel mehr Gott seine sehnsüchtig gewollten Kinder bei sich haben und in seine liebenden Arme schließen möchte. Denn er hat einen Preis dafür bezahlt, einen Preis, der eigentlich unbezahlbar gewesen wäre. Deshalb hat Gott sich selbst gegeben. Er tat es aus unermesslicher Liebe zu uns, weil er die Alternative, getrennt von uns zu sein, unerträglich fand.

> **„Denn Gott hat die Menschen so sehr geliebt, dass er seinen einzigen Sohn für sie hergab. Jeder, der an ihn glaubt, wird nicht zugrunde gehen, sondern das ewige Leben haben."**
>
> Johannes 3,16

Gott sucht uns. Ich liebe diese großartige Nachricht. Und wenn er uns findet, kennt seine Freude und Erleichterung keine Grenzen. Wie könnte ich da jemals daran zweifeln, dass ich von großem Wert für ihn bin?

> **„Wenn er es dann findet, nimmt er es voller Freude auf seine Schultern und trägt es nach Hause. Dort angekommen ruft er seine Freunde und Nachbarn zusammen: ‚Freut euch mit mir, ich habe mein verlorenes Schaf wiedergefunden!'"**
>
> Lukas 15,5-6

„Mama, du drückst mich ganz platt." Meine Tochter löste sich aus meiner Umarmung und strahlte mich an. In dem Moment kam ihr suchender Opa wieder zurück zum Treffpunkt. In seinem Blick erkannte ich sofort, dass auch ihm ein großer Stein vom Herzen fiel, als er seine Enkelin erblickte. Mein Vater tätschelte meiner Tochter den Kopf und meinte: „So, uff den Schock bruchen mer ers mal en Ies!" Meine Töchter kicherten und verstanden auch ohne Übersetzung, was ihr Opa gesagt hatte.

Ohne Worte

„Bewahrt die Worte im Herzen, die ich euch heute sage!"
5. Mose 6,6

Irgendwann einmal im Frühjahr fesselte mich eine Erkältung ans Bett. Ich war erschöpft und kraftlos und meine Haut fühlte sich an, als hätte man sie durch eine alte kratzige Decke ausgetauscht. Um es kurz zu machen: Ich zerfloss in Selbstmitleid. Und ich war noch nicht einmal in der Lage, mein Leid jemandem vorzujammern. Denn ich konnte nicht sprechen, was dem Ganzen noch die virenbeschmierte Infektkrone aufsetzte. Wenn ich es versuchte, verließen nur verzerrte Krächzer meinen Mund. Es war ein irritierendes Gefühl, doch ich wusste ja, dass es nur vorübergehend sein würde. Komplizierter wurde meine Erkrankung allerdings dadurch, dass die Kinder schon Ferien hatten. Das hieß, dass ich noch nicht einmal die Vormittage, während sie eigentlich in der Grundschule gewesen wären, zum Ausruhen zur Verfügung hatte.

Das ist auch eines der Dinge, die ich als Mutter vermisse: einfach nur krank zu sein. Wie sehr sehne ich mich danach zurück, als ich einfach nur ein paar Tage im Bett gelegen und geschlafen, auf der Couch gelümmelt und mich in mein „Leid" gehüllt hatte, allein und in vollkommener Ruhe, bis es mir wieder besser ging. Seit ich Kinder hatte, funktionierte das leider so nicht mehr. Das Verständnis und Mitgefühl ihrerseits waren zwar irgendwie vorhanden, doch ihre Bedürfnisse und Anliegen eben genauso. Mittlerweile sind sie größer, da klappt das eigene Kranksein oder eher gesagt der Genesungsprozess schon viel besser.

Schwieriger war es in dieser Woche, mit meinen Mitmenschen zu kommunizieren. Das Telefon ließ ich klingeln und allen anderen versuchte ich mit Händen und Füßen zu deuten, was ich von ihnen wollte. Eine Frau holte in diesen Tagen ein Trampolin bei uns ab, das wir über die Kleinanzeigen verkauft hatten. Ich stand bereits in der geöffneten Tür, da ich sie in unsere Einfahrt habe einbiegen sehen. Zur Begrüßung konnte ich ihr nur ein gehauchtes „Hallo" anbieten. Ich sah sie kurz stutzen, doch dann kombinierte sie diese beiden Indizien in Sekundenschnelle und mit messerscharfem Verstand. So kam sie zu dem Schluss, dass bei mir im Haus ein Baby schlafen müsste. Das schien für diese Dame die einleuchtendste Erklärung zu sein, warum jemand in seinen eigenen vier Wänden flüsterte. Trotz heftigem Kopfschütteln meinerseits war sie von dem Gedanken nicht mehr abzubringen. Sie wisperte daher ebenfalls ein zartes „Hallo" und schlich mir auf Zehenspitzen hinterher. Trotz der Gefahr, ein schlafendes Kind aufzuwecken, erzählte sie mir im Flüsterton, wie schrecklich sie es immer gefunden habe, wenn jemand an der Tür geklingelt hatte, wenn ihre Kinder gerade ihren Mittagsschlaf gemacht hatten. Ich kapitulierte und gab den Versuch auf, sie aufzuklären. Ich freute mich einfach über den positiven Nebeneffekt, dass sie dann auch nicht mehr über den Preis verhandeln wollte, mir das Geld in die Hand drückte, erst den Kofferraumdeckel und dann die Autotür leise ins Schloss drückte und mit entschuldigender Miene den Wagen startete, als könnte man das sonst auch leiser machen. Und es hätte mich nicht gewundert, wenn sie den Wagen eigenhändig aus der Einfahrt auf die Straße geschoben hätte.

Dass die meisten nicht so genau wussten, was ich in meinen stimmlosen Tagen wollte, verwunderte mich nicht wirklich. Weder konnte ich mich anderen verständlich machen, noch kannten sie mich dafür gut genug. Ganz im Gegensatz zu meinen Kindern. Auch ihnen konnte ich mich nicht mitteilen. Trotzdem verstanden sie mich fast immer. Sie wussten, wie sie sich verhalten mussten, damit ich mich ausruhen und genesen konnte, sie verstanden, wenn ich etwas von ihnen wollte, und sie wussten, was sie zu tun hatten. Ich musste keine Verbote aussprechen, weil sie wussten, was sie nicht durften, und ich musste ihnen keine Aufgaben geben, damit sie mir halfen. Ebenso wussten sie, was mich ärgerte und was mir Freude bereitete. Sie beobachten mein Verhalten und meine Gewohnheiten intuitiv.

Besonders lustig ist es manchmal, wenn sie mir meine eigenen Gebräuche spiegeln. Beide Kinder haben, als sie drei Jahre alt waren, vollkommen unabhängig voneinander bei ihren Vorsorgeuntersuchungen beim Kinderarzt folgende Gegenstände beim Sehtest „vorgelesen": „Baum (okay, eine Tochter sagte hier immer „Otannenbaum"), Katze, Uhr, Kaffee, Uhr, Katze, Kaffee, Baum, Kaffee ..." Mit dem Begriff „Kaffee" betitelten sie die auf der Tafel abgebildete Tasse. Für sie war es vollkommen selbstverständlich, dass eine Tasse „Kaffee" bedeutete. Und mir zeigte es, dass ich vielleicht mal meinen Kaffeekonsum überdenken müsste.

Sie kennen mich und ich kenne sie. Wir sind eine Familie, wir sind eine Gemeinschaft. Wir leben zusammen und teilen alles seit so vielen Jahren. Da braucht man nicht immer Worte, um zu verstehen, wie es dem anderen geht oder was die andere möchte. Natürlich haben sie nicht alles mit großer Begeisterung getan. Doch sie wussten, dass es wichtig war. Und wenn sie etwas angestellt hatten, bemerkte ich ihr schlechtes Gewissen. Meistens erzählten sie mir dann davon. Denn sie wissen auch, was nicht in Ordnung ist. Diese blinde Vertrautheit unter uns konnte nur wachsen, weil wir zusammen sind, weil wir uns kennen, weil wir fast alles übereinander wissen und so den anderen immer mehr kennenlernen konnten.

Diese Woche ohne Stimme hat mir noch einmal vor Augen geführt, wie wichtig es ist, dass ich mit Gott eine ebenso enge Beziehung lebe.

> **„Passt euch nicht den Maßstäben dieser Welt an, sondern lasst euch von Gott verändern, damit euer ganzes Denken neu ausgerichtet wird. Nur dann könnt ihr beurteilen, was Gottes Wille ist, was gut und vollkommen ist und was ihm gefällt."** Römer 12,2

Ich möchte mit ihm mein Leben teilen, ihn immer besser kennenlernen, mit ihm zusammen durch Höhen und Tiefen gehen, sein Wort hören, ihm alles erzählen, zuhören und verstehen. Nur dann werde ich seinen Willen erkennen und ihn ganz selbstverständlich in meinem Alltag integriert wissen, ohne unsicher umherzuschleichen oder meine Anliegen furchtsam zu flüstern. Nur dann werde ich ihm blind vertrauen können. Nur dann werde ich wissen, wovor Gott mich beschützen möchte und was ich deshalb nicht tun soll. Und nur dann kann ich, wenn ich einen Fehler gemacht habe, voller

Vertrauen und ohne Angst zu ihm kommen und er wird mir vergeben. Ich wünsche mir, dass Gott nicht nur ein entfernter Bekannter von mir ist, sondern mein Leben, mein Vater, meine Familie.

Herzensrichtung

„HERR, mein Gott, voller Vertrauen blicke ich zu dir,
bei dir suche ich Schutz." Psalm 141,8

„Ein Einrad?"

„Jap!"

„Kein Fahrrad?"

„Nö!"

„Also dieses Ding ohne Lenkrad und Bremse und mit tatsächlich nur einem Rad?"

„Genau das!"

„Warum?"

„Sieht lustig aus."

„Okay ... Also du meinst wirklich diese knochenbrechende, lebensverachtende Schreckensmaschine?"

„Ach, Mama!"

Ich gebe zu, der Wunsch meiner Tochter zu ihrem siebten Geburtstag hatte mich kurz irritiert, aber eigentlich wunderte er mich überhaupt nicht. Ihr Bewegungsdrang war seit jeher abenteuerlich und ein wenig tollkühn gewesen. In der Kleinkindphase nannten mein Mann und ich diese Zeit, in der unsere Kinder unerschrocken ihre Umgebung erkundeten, bevor mit der Zeit und der Erfahrung ein gesundes Maß an Bedenken und Vorsicht dazukamen, „Laufen ohne Hirn". Nur dass die Unbekümmertheit der einen Tochter niemals wirklich geendet hatte und ihr draufgängerischer Wagemut mir so manches Mal das Herz hatte ohnmächtig werden lassen. Aber ihr Wunsch war eindeutig und so verstaute ich gedanklich mal wieder eine meiner ängstlichen Sorgen in einer Kiste und stopfte sie zu den anderen in die hinterste Ecke meines mittlerweile übervollen Gedankenspeichers, damit ich sie bloß nicht mehr sehen musste. Ich besorgte das Einrad, betrachtete es ausführlich und fragte mich, was der Erfinder sich nur dabei gedacht hatte. Ich kam zu dem Schluss, dass er mit ziemlich hoher Wahrscheinlichkeit ein griesgrämiger Misanthrop gewesen sein musste. Anders konnte ich mir diese vernunftwidrige Konstruktion nicht erklären.

Der Geburtstag kam und meine Tochter freute sich riesig über das Geschenk. Sofort probierte sie das Einrad aus. Natürlich klappte es nicht sofort, aber wie die meisten Kinder war meine Tochter sehr beharrlich. Immer und immer wieder setzte sie sich auf den Sattel, stieß sich von der stützenden Mauer ab und fiel fast sofort wieder herunter. Doch nach und nach wurde die gefahrene Strecke immer größer und die Zeitspanne, die sie sich auf dem Sattel hielt, immer länger. Es wunderte mich nicht, dass sie noch in derselben Woche unsere Straße entlangfuhr, die Arme für das Gleichgewicht wie ein Vogel ausgebreitet. Sie schaffte es immer besser, ihren Körper in der Balance zu halten, und wenn sie bremsen wollte, sprang sie einfach ab. Nur eines wollte noch nicht richtig funktionieren: das Lenken. Da es kein Lenkrad gab, musste sie lernen, das Einrad mit ihrem Körpergewicht, das sie entsprechend verlagern musste, zu steuern. Dabei musste ich an meine Zeit in der Fahrschule zurückdenken, als ich den Motorradführerschein gemacht hatte. „Merkt euch", hatte mein Fahrlehrer uns Schülern immer wieder ein-getrichtert, „ihr fahrt eurer Blickrichtung hinterher. Das, was ihr anseht, darauf fahrt ihr auch zu." Mit der praktischen Er-fahrung merkte man recht schnell, dass er recht hatte. Be-sonders in Kurven konnte es deshalb brenzlig werden, wenn der Blick nicht aus der Kurve herausging, sondern sich an etwas in der Kurve heftete. Der ganze Körper folgt diesem Blick und das Motorrad fährt dann in diese Richtung. Die-ses Fahrverhalten versuchte ich nun meiner Tochter zu ver-deutlichen. Ich sagte ihr also dasselbe, was mir damals mein Fahrlehrer gesagt hatte: Worauf sie schaute, darauf würde sie auch zufahren.

Ich finde es wirklich erstaunlich, wie eine vermeintlich so winzige Geste die Macht besitzt, unsere Bewegung, selbst die eines Einrades oder sogar eines schweren Motorrads, zu steu-ern und so die Richtung vorzugeben. Kein Wunder also, dass in der Bibel immer wieder davon gesprochen wird, worauf wir unseren Blick oder sogar unser Herz richten sollen. Wenn schon der Blick eine so große Auswirkung auf uns hat, wie ist es dann erst mit unserem Herzen?

Besonders beeindruckend finde ich daher die Stelle in 4. Mose, weil dort auf eine Handlung unmittelbar eine Wir-kung erfolgt. Das Volk Israel war unzufrieden und ungeduldig und sie klagten Gott an. Der HERR schickte daraufhin Schlan-gen in ihr Lager und viele Israeliten wurden gebissen, erlitten große Schmerzen oder starben. Da sahen sie ein, dass sie sich schuldig gemacht hatten, und flehten um Vergebung. Mose betete für das Volk und Gott antwortete:

> „„Mach dir eine Schlange aus Bronze und befestige sie am
> Ende einer Stange. Dann sag den Israeliten: Jeder, der
> gebissen wird und sie ansieht, bleibt am Leben.' Mose
> fertigte eine Schlange aus Bronze an und befestigte sie an
> einer Stange. Nun musste niemand mehr durch das Gift
> der Schlangen sterben. Wer gebissen wurde und zu
> der Schlange schaute, war gerettet."
>
> 4. Mose 21,8-9

So oft wende ich meinen Blick von Gott ab und verliere vollkommen die Kontrolle. So oft mache ich mich schuldig. So oft bin ich unzufrieden. So oft fühle ich mich unzulänglich und leide unter den schmerzenden Konsequenzen meines Fehlverhaltens. Dann mache ich mir bewusst, dass ich, genau wie die Israeliten damals, die Blickrichtung meines Herzens korrigieren muss: weg von heimtückischen Vorstellungen in meinem Kopf, weg von den doppelzüngigen Lügen, die mir der Feind einreden will, weg von betrügerischen Werten, welche die Gesellschaft mir vorgaukelt, und weg von dem verfälschten Bild, das ich von mir selbst oder sogar von Gott habe. Es ist nicht mehr eine bronzene Schlange, auf die wir schauen. Gott selbst hat uns einen neuen Blickpunkt gegeben. Es ist sein Sohn, erhöht am Kreuz von Golgatha. Dort haben die Liebe und die Wahrheit den Sieg errungen. Ich darf meinen Blick auf Jesus richten und ganz automatisch werden sich mein Herz und mein ganzes Leben ihm zuwenden. Auch wenn ich ihn im ruhelosen Alltag oder in dämmrigen Seelenstunden nicht immer klar vor mir habe, so hält meine Seele doch stets Ausschau nach ihm. Genau wie Zachäus will auch ich Jesus unbedingt sehen:

> **„Da rannte er ein Stück voraus und kletterte auf einen Maulbeerfeigenbaum, der am Weg stand. Vor hier auf hoffte er, einen Blick auf Jesus werfen zu können."**
>
> Lukas 19,4

Ich blicke auf Jesus, weil ich mich sonst verirren könnte. Der Fokus auf ihn weist mir den Weg. Er gibt mir Orientierung wie die Wegmarkierungen eines Wanderweges. Nicht immer sind es große Hinweisschilder. Manchmal sind die Symbole nur klein, gemalt an einen Baum, verdeckt durch das Laubwerk. Aber sie sind da und zeigen mir, dass ich auf dem richtigen Weg bin. An Gabelungen zeigen sie mir die Richtung und auf längeren Strecken ohne Abzweigung geben sie die Sicherheit, noch auf Kurs zu sein. Nicht immer gefällt mir, welche Route ich einschlagen muss, denn der andere Pfad sieht manchmal einfacher und nicht so anstrengend aus. Aber es ist klar, dass er nicht zum Ziel führen oder einen Umweg bedeuten würde.

Ebenso will ich meine Augen besonders in unruhigen und stürmischen Zeiten auf Jesus richten, damit ich nicht untergehe wie Petrus auf dem stürmischen See. Solange er auf Jesus schaute, konnte er über das Wasser gehen. Als er seinen Blick jedoch auf das tosende Unwetter um ihn herum wandte, begann er zu sinken (Matthäus 14,29-30). Voller Zuversicht möchte ich auf Jesus schauen und dadurch meine Herzensrichtung bestimmen. Denn ich möchte mit ihm auf dem Wasser gehen. Ich darf gewiss sein, dass, egal, wie oft das Leben mich beißt, ich nicht durch das Gift der Sünde sterben muss. Ich werde gerettet werden. Ich blicke zu Jesus auf und werde leben.

> „Dabei wollen wir nicht nach links oder rechts schauen,
> sondern allein auf Jesus. Er hat uns den Glauben geschenkt
> und wird ihn bewahren, bis wir am Ziel sind."
> Hebräer 12,2

Meine Tochter setzte meinen Rat sofort in die Tat um. Auf Anhieb schaffte sie es, das Einrad in die gewünschte Richtung zu lenken. Somit hatte sie auch noch diese letzte Hürde überwunden und steuerte das Einrad souverän. Nun konnte sie das Einradfahren zu ihrer langen Liste gelernter Dinge hinzufügen. Sie war sichtlich glücklich und stolz und es dauerte nicht lange, da war das Einradfahren für sie zu einer Selbstverständlichkeit geworden. Fast schon spielte ich mit dem Gedanken, die weggepackte Sorgenkiste nun endgültig auszumisten. Denn, wie ich meine Tochter kannte, würde ich bald Platz für eine neue brauchen.

Phantomschmerzen

„Ich will euch trösten wie eine Mutter ihr Kind."
Jesaja 66,13a

Irgendetwas beschäftigte meine siebenjährige Tochter. Das hatte ich sofort bemerkt, was, wie ich zugeben muss, kein großes Kunststück gewesen war. Ich hatte zum Mittagessen gerufen und sie war weder die Treppe heruntergepoltert, indem sie zwei Stufen auf einmal hinuntersprang, noch war sie auf dem Geländer heruntergerutscht. Nein, sie war ganz normal die Treppe heruntergegangen. Es war mir gar nicht bewusst gewesen, dass sie auch auf diese Weise eine Treppe hinabsteigen konnte. Mit hängenden Schultern schlich sie Richtung Esstisch, ließ sich auf ihren Stuhl plumpsen und starrte auf die Tischplatte.

„Alles in Ordnung?", fragte ich sie. „Mmmh", presste sie zwischen ihren Lippen hervor. Ich merkte, dass sie sowieso nicht darüber reden würde, also beließ ich es erst einmal dabei. Während des Essens war sie auffällig still und ihr Appetit hielt sich ebenfalls in Grenzen, obwohl es eines ihrer Lieblingsgerichte gab. Mit einem „Ich geh in mein Zimmer" schlurfte sie wieder die Treppe hoch. Ihre Zimmertür drückte sie sanft ins Schloss. Meistens wird diese jedoch voller Schwung und Tatendrang zugeknallt trotz sich wiederholender Ermahnungen. Ich ging ihr also nach und klopfte an ihre Zimmertür.

„Ist wirklich alles okay?", fragte ich sie erneut.

„Ja, Mama", hörte ich sie hinter der Tür nuscheln.

„Wirklich? Geht es dir vielleicht nicht gut, wirst du krank?", hakte ich nach.

„Nein, nein, alles gut. Ich bin nur müde."

Auch das war seltsam. Meine Tochter war tagsüber nie müde. Besonders nicht an einem so wunderschönen, sonnigen Tag wie heute. Da konnte sie normalerweise nichts im Haus halten. Oft war ich der Überzeugung, dass der Wind in ihrem Haar und die Sonne auf ihrer Haut neben Eiweiß, Fett und Kohlenhydraten ein weiterer wichtiger Bestandteil ihrer Nahrung sein mussten. Mir war klar, dass sie irgendetwas beschäftigte. Aber ganz offensichtlich wollte sie nicht darüber sprechen. Diese Entscheidung wollte ich respektieren und so ließ ich sie in Ruhe, auch wenn mir das sehr schwerfiel. Denn der Gedanke, dass es meiner Tochter nicht gut ging, machte mich traurig und das Sorgenkarussell in meinem Kopf begann sich zu drehen. Und davon wird mir immer schlecht.

Der Nachmittag tröpfelte dahin und aus dem Zimmer meiner Tochter war immer noch kein Laut zu hören. Keine Musik, kein Gesang, kein Tanz und kein Getobe. Es war so furchtbar, mein fröhliches und lebenslustiges Mädchen plötzlich so niedergeschlagen zu erleben, ohne zu wissen, was denn eigentlich los war. Irgendwann hielt ich es nicht mehr aus. Wieder stand ich vor ihrer Tür, klopfte und fragte, ob ich reinkommen dürfte. Meine Tochter saß auf ihrem Bett und hörte leise eine CD. Ich setzte mich zu ihr und sagte ihr, dass ich wüsste, dass sie irgendwas bedrückte und dass ich mir deshalb Sorgen machen würde.

„Du kannst mir alles erzählen. Aber es ist auch okay, wenn

du das nicht möchtest. Ich hab dich lieb und ich bin auf jeden Fall für dich da!"

Ich konnte sehen, wie ihre Gedanken in ihrem Kopf durch ein verzwicktes Labyrinth irrten. Schließlich jedoch seufzte sie laut auf und die ersten Tränen fanden ihren Weg über ihre Wangen. Dann erzählte sie mir, was passiert war. Sie hatte etwas getan, was sie eigentlich nicht durfte. Das Ganze war schiefgegangen. Nun hatte sie ein schlechtes Gewissen und sich nicht getraut, es zu erzählen.

„Tut mir leid, Mama", schluchzte sie und kurz setzte mein Mutterherz vor Mitleid aus. Klar hatte sie etwas angestellt, aber mein Mitgefühl für sie überwog in diesem Moment. Ich nahm sie in den Arm und dankte ihr, dass sie es mir erzählt hatte. Und ich sprach ihr die, für sie erlösenden, Worte zu:

„Ist schon gut, ich bin dir nicht böse."

Während ich ihr über den Rücken strich, versicherte ich ihr, dass ich das schon wieder in Ordnung bringen würde. Meine Tochter sah mich an, wischte sich mit ihrem Ärmel die Tränen aus dem Gesicht und lächelte.

„Ich geh dann mal raus", sagte sie dann, sprang aus ihrem Bett, rutschte das Treppengeländer hinunter und ließ die Haustür hinter sich ins Schloss knallen. Vom Fenster aus beobachtete ich sie und sah plötzlich eine ganz andere Person als noch vor ein paar Minuten. Ausgelassen hüpfte meine Tochter auf dem Trampolin und kreischte dabei vor Vergnügen. Ich war wirklich erstaunt, was meine Vergebung in ihr bewirkt hatte. Und ich dachte, dass sie mir darin ein großes Vorbild sein sollte. Denn meistens trage ich meine vergebene Schuld wie einen Phantomschmerz mit mir herum.

Ich konnte meine Tochter sehr gut verstehen. Sünde lastet schwer auf meiner Schulter und eigentlich möchte ich mich oft aus Scham einfach nur zurückziehen. Gott respektiert das. Weder drängt er mich noch zeigt er mit dem Finger auf meine Verfehlungen. Denn während ich nicht wusste, was meine Tochter bedrückte, weiß Gott ja, was ich, sein Kind, getan habe und was mich innerlich aufwühlt. Allerdings wartet er mit offenen Armen auf mich. Sein Angebot steht felsenfest:

> **„Wer seine Sünden vertuscht, hat kein Glück; wer sie aber bekennt und meidet, der wird Erbarmen finden."**
> Sprüche 28,13

Diese Erfahrung mache ich tatsächlich immer wieder. Gott ist gnädig. Wenn ich mich meinem Vater anvertraue, dann vergibt er mir, und ich weiß, dass sein liebendes Herz nicht wütend auf mich ist.

> **„Herr, wo ist ein Gott wie du? Du vergibst denen, die von deinem Volk übrig geblieben sind, und verzeihst ihnen ihre Schuld. Du bleibst nicht für immer zornig, denn du liebst es, gnädig zu sein! Ja, der Herr wird wieder Erbarmen mit uns haben und unsere Schuld auslöschen. Er wirft alle unsere Sünden ins tiefste Meer."** Micha 7,18-19

Und dennoch: Obwohl ich Vergebung erlebt habe und obwohl mein Verstand weiß, dass Gott nicht nachtragend ist, fühle ich trotzdem oft noch die Last der Sünde auf meinen Schultern, obwohl sie mir eigentlich schon längst genommen wurde und ausgelöscht ist. Obwohl sie im tiefsten Meer versenkt wurde, spüre ich einen unbegreiflichen Phantomschmerz in mir. Mein Herz hinkt in dieser Beziehung meinem Kopf hinterher. Und so schleppe ich etwas mit mir herum, was schon längst nicht mehr da ist.

Meine Tochter hingegen kannte diesen Phantomschmerz nicht. Für sie war die Angelegenheit erledigt, weil ich ihr gesagt hatte, dass sie für mich erledigt war. Das hatte sie mir geglaubt. Warum auch nicht? Warum sollte sie an meiner Aussage zweifeln? Warum sollte ich sie anlügen oder in einer falschen Sicherheit wiegen? Diese Vorstellungen sind mir vollkommen fremd und meine Tochter verschwendet wahrscheinlich keinen einzigen Gedanken an diese absurde Idee. Denn sie vertraut mir, weil ich ihre Mutter bin. Wieso also vertraue ich Gott nicht ebenso bedingungslos? Warum schleppe ich eine Last mit mir herum, die eigentlich nicht mehr da ist? Mein himmlischer Vater möchte mich nicht niedergeschlagen sehen. Weder von der tatsächlichen Sünde noch von meinem mir selbst auferlegten Phantomschmerz. Er wünscht sich wahrscheinlich nichts mehr, als seine Kinder zufrieden zu sehen. Sonst hätte er niemals einen so unwahrscheinlich hohen Preis dafür bezahlt. Das Lächeln seiner Kinder ist ihm alles wert.

Es ist ihm so wichtig, dass wir diese Tatsache verstehen. Seine Vergebung spricht er uns immer und immer wieder zu. Die Bibel ist voll von seinen Zusagen. Deshalb will ich vertrauen lernen, damit Gottes Gnade von meinem Kopf in mein Herz rutscht. Ich möchte mir ein Beispiel an meiner Tochter nehmen, damit ich genauso ausgelassen wie sie, vollkommen erleichtert, den Wind in meinen Haaren und die Sonne auf meiner Haut genießen kann – in dem Wissen, dass ich freigesprochen bin von all meiner Schuld.

Die neuen Sandalen

„Durch Christus, der sein Blut am Kreuz vergossen hat,
sind wir erlöst, sind unsere Sünden vergeben.
Und das verdanken wir allein Gottes unermesslich
großer Gnade." Epheser 1,7

Es lag Vorfreude in der Luft. Morgen fand die Hochzeit unserer Nichte statt und wir erwarteten diesen Tag mit Spannung. Meine Töchter sollten die Blumenmädchen sein. Dafür hatten sie sich entzückende Kleider ausgesucht und sogar neue Sandalen bekommen.

„Mama, können Jule und ich an der Sieg spazieren gehen?" Meine siebenjährige Tochter saß auf der kleinen Bank im Flur und schnallte sich ihre neuen Sandalen an die Füße. Es war ein warmer Sommertag und sie hatte sich mit ihrer Freundin verabredet, die nah an dem kleinen Fluss in unserem Dorf wohnte. „Klar", meinte ich. „Aber willst du wirklich die neuen Sandalen anziehen? Denk dran: Morgen ist die Hochzeit." „Ich möchte sie aber der Jule zeigen. Ich pass schon auf. Bitte, Mama." Ihr flehender Blick stieß auf meinen skeptischen, der aber schnell kapitulierte. Sie ist doch kein kleines Kind mehr, dachte ich. Und außerdem muss ich lernen, Vertrauen zu haben. „Okay, viel Spaß euch!" Eine kleine Ahnung kitzelte jedoch in mir und so schob ich noch hinterher: „Wenn ihr plantschen wollt, zieh bitte deine Schuhe aus!" Ein „Ja, Mama" schlüpfte noch durch die zufallende Tür ins Haus.

Am Abend holte ich meine Tochter ab. Sie kam mir barfuß entgegen. Die Sandalen hingen schlaff in ihrer Hand. Wie ein Tribut, den sie für den schönen Nachmittag zu erbringen hatte. „Es tut mir leid, Mama. Aber die Sandalen sind kaputt." Da sah ich es auch. Die Riemchen waren alle aus der Sohle herausgerissen. Ich nahm ihr die Schuhe ab. Sie waren feuchtschwer und einzelne Wassertropfen klatschten zu Boden. Ich musste keine Detektivin sein, um zu wissen, was geschehen war. „Du solltest doch nicht mit den Sandalen ins Wasser", sagte ich entsetzt, meine Enttäuschung kaum verbergend. „Ja, hab ich irgendwie vergessen,'tschuldigung. Ich kaufe mir die neuen selbst." „Und was ziehst du dann morgen auf der Hochzeit an?" Schlagartig verstand meine Tochter das gesamte Ausmaß der verzwickten Lage. Natürlich konnten die kaputten Sandalen ersetzt werden. Doch die Geschäfte hatten bereits geschlossen und morgen mussten wir ganz früh los, da blieb keine Zeit für einen Schuhkauf. Sie hatte sich diese schicken Sandalen extra ausgesucht, weil sie gut zu ihrem Kleid passten. Die einzigen Alternativen, die nun im Schuhregal standen, waren ein paar ausgelatschte Turnschuhe und die sehr robusten Wandersandalen, die viele praktische Eigenschaften besaßen, jedoch weit weg von Eleganz und Anmut waren. Ich sah, wie in meiner Tochter eine kleine Welt zusammenbrach. Den restlichen Abend war sie sichtlich deprimiert. Wir versuchten noch, die Sandalen zu reparieren, aber sie waren vollständig ruiniert und nicht mehr zu gebrauchen. Todtraurig ging sie ins Bett. Die Wandersandalen hatte sie schon resigniert unter ihr Kleid gestellt, das am Kleiderschrank baumelte.

Und obwohl ich wusste, dass sie selbst daran schuld war, tat sie mir unendlich leid. Also begann ich zu überlegen, ob es nicht doch noch eine Lösung gab. Es war schon etwas später am Abend und so war es mir unangenehm, als ich eine Reihe von Freunden und Bekannten anrief, von denen ich wusste, dass sie Töchter im Alter meiner Tochter oder älter hatten. Die fragte ich dann nach schickem Schuhwerk, das sie uns vielleicht ausleihen könnten. Tatsächlich wurde ich dann bei einer früheren Schulkameradin fündig. Zufällig hatte sie gerade die alten Schuhe ihrer Kinder aussortiert. Sie lachte über die Geschichte, die ich ihr erzählte, und ich hörte heraus, dass sie so eine Situation nur zu gut kannte. Sie bot an, dass wir die Schuhe jetzt noch abholen könnten. Außerdem könnten wir sie behalten und nein, sie wollte nichts dafür haben. Mein Mann fuhr also trotz der späten Stunde los und eine Dreiviertelstunde später war er zurück mit einem Paar Sandalen, das noch hübscher war als die nun kaputten. Wir tauschten sie gegen die Wandersandalen aus und waren schon auf den Gesichtsausdruck unserer Tochter am nächsten Morgen gespannt. Ich schnappte mir den kläglichen Rest von dem, was einmal ein adrettes Paar Sandalen gewesen war. Mit einem dumpfen Poltern landeten die Schuhe in der Mülltonne. Ich hielt kurz inne. Ein beißender Geruch von Fäulnis und Schimmel stieg mir in die Nase. Ich blickte in den finsteren Schlund. Wegen der Dunkelheit konnte ich zwar nichts darin erkennen, aber ich wusste um den ganzen Abfall, der darin lag. Und nun gehörten diese Sandalen ebenfalls dazu.

Natürlich war ich sauer. Sie hatte meine Ermahnung und meinen Rat ignoriert. Es ist ja nicht so, als wäre dies zum ersten Mal geschehen. Als Eltern spricht man oft Anweisungen aus, steckt Grenzen ab und gibt Ratschläge. Immerhin haben wir ein paar Jahre mehr Erfahrung und dadurch eine gewisse Weitsicht. Und obwohl die Kinder schon oft erlebt haben, dass das Ignorieren der elterlichen Worte negative Konsequenzen für sie haben kann, machen sie es beim nächsten Mal wieder. Als hätten sie nichts dazugelernt.

Den Mülltonnendeckel hielt ich immer noch in der Hand. Denn schmerzhaft wurde mir etwas bewusst: Ich handelte kein Stückchen besser als meine Kinder. Wie oft schlage ich Gottes Weisungen und Anordnungen in den Wind? Wie oft setze ich mich über seine Gebote hinweg, wie oft meine ich, es besser zu wissen, und wie oft denke ich, dass ich ohne seine Anordnungen besser auskomme? Dass schon nichts schief- gehen würde. Obwohl ich es besser wissen müsste und die Quittung für meinen Ungehorsam ständig bekomme, sei es auf dem Fuße oder später. Gott, mein Vater, meint es gut mit mir und ja, er weiß es nun mal besser. Er besitzt eine Weit- sicht, die ich mir nicht einmal ansatzweise vorstellen kann. Er weiß ganz genau, was gut oder schlecht für mich ist, was mir weiterhilft und was mir schadet. Deshalb kann ich verste- hen, warum Gott über unsere Sünden zürnt. Immerhin war auch ich zornig auf meine Tochter. Nichtsdestotrotz war es für mich nach allem, was geschehen war, schwer zu ertragen, sie so traurig zu sehen, zu merken, wie sehr sie ihr Vergehen be- reute, und mitzuerleben, wie sie unter ihrem Fehler litt. Denn sie ist mein Kind, trotz allem. Nur weil ich mich mal über sie ärgere, heißt das noch lange nicht, dass ich sie nicht mehr lie- ben oder denken würde, sie sei ein schlechtes Kind. Genauso ist das bei Gott. Ich bin sein Kind. Und nicht die Bilanz aus meinen guten und schlechten Taten. Gott ist der HERR über allem und er liebt mich unendlich. Und weil das so ist, hat er bereits alles getan, um meine Fehler ungeschehen zu machen. Ich habe meiner Tochter ein neues Paar Sandalen besorgt. Gott schenkt mir im Tod seines Sohnes Jesus Christus sogar ein neues Leben.

> **„Darum lebe nicht mehr ich, sondern Christus lebt in mir! Mein vergängliches Leben auf dieser Erde lebe ich im Glauben an Jesus Christus, den Sohn Gottes, der mich geliebt und sein Leben für mich gegeben hat."** Galater 2,20

Ich ließ den Deckel der Mülltonne zuknallen und ging zurück ins Haus, erleichtert um ein Paar kaputte Sandalen und bereichert durch eine beruhigende Erkenntnis.

Die Freude am nächsten Morgen war riesig. Umarmungen und Dankesbekundungen wechselten sich ab und ein „Ihr seid die besten Eltern der Welt!" hört man ja auch sehr gerne. Die Hochzeitsfeier war wunderschön und die Blumenmädchen die bezauberndsten, die man je gesehen hatte. Stolz präsentierte meine Tochter ihre neuen Schuhe und erzählte jedem die Geschichte, die dahintersteckte. Das Sandalendesaster schien weit weg. Mein Mann und ich waren froh, unsere Tochter so glücklich zu sehen. Und ich trug erneut Dankbarkeit in meinem Herzen. Mein himmlischer Vater liebt mich. Trotz allem.

> **„Dennoch bist du, HERR, unser Vater! Wir sind der Ton, und du bist der Töpfer! Wir alle sind Gefäße aus deiner Hand. Ach, HERR, sei nicht für immer zornig auf uns! Trag es uns nicht ewig nach, dass wir gegen dich gesündigt haben! Sieh uns an, wir sind doch immer noch dein Volk."** Jesaja 64,7-8

Schmerzhafte Liebe

„Ich glaube gefunden zu haben,
dass Eltern im Allgemeinen gerechter gegen die Kinder
sind als umgekehrt."
Franz Kafka

Den ganzen Tag über würdigte meine Tochter mich keines Blickes und sprach kein Wort mit mir. Sie war wütend auf mich. Und das ließ sie mich ganz deutlich spüren. Natürlich erst, nachdem mir der geballte Unmut einer Siebenjährigen lautstark entgegengeschleudert worden war. Als sie merkte, dass ich meinen Entschluss nicht rückgängig machen würde, forderte die Wut die Traurigkeit dazu auf, ihr beizustehen. Nun flossen Tränen. Und ganz ehrlich? Da war mir das Gebrüll lieber gewesen. Das konnte ich sehr gut ertragen. Aber die Tränen meiner Tochter rührten etwas in mir an, einen Urinstinkt, gegen den ich nun ankämpfen musste, um nicht schwach zu werden und doch noch nachzugeben. Am liebsten würde ich sie nun trösten, sie in den Arm nehmen, ihr erklären, dass ich ihren Frust verstand. Das ließ sie jedoch nicht zu. Und auch das konnte ich ihr nachempfinden. Sie war gekränkt und wollte nun lieber nicht in meiner Nähe sein. Seitdem herrschte Funkstille. Eine ohrenbetäubende Ruhe, die an meinen Nerven und meiner Entscheidung riss und zerrte. Aber ich wusste, dass sie richtig war.

Meine Tochter hatte mich nämlich um die Erlaubnis zu etwas gebeten und mir war sofort klar gewesen, dass ich ihr diese nicht geben konnte. Ich wusste, dass ihr Wunsch nicht gut für sie sein würde. So sagte ich Nein zu ihrer Bitte und erklärte ihr auch, warum ich nicht in ihr Vorhaben einwilligen konnte. Bereits bevor ich meiner Tochter meinen Entschluss mitgeteilt hatte, hatte ich gewusst, dass diese aufbrausende Reaktion folgen würde. Dass sie weder begeistert, geschweige denn dankbar für meine wohlüberlegte Entscheidung sein würde. Trotzdem bin ich bereit gewesen, ihre Wut auf mich zu nehmen. Für sie. Weil ich sie liebe.

In der Reaktion meiner Tochter erkenne ich mich natürlich selbst. Ein Nein hört niemand gerne. Besonders hart trifft es mich jedoch, wenn diese Absage von Gott kommt. Wie oft schon habe ich nach einem Nein Gottes einen Trotzanfall gehabt. Wie oft schon habe ich mich vor meinem himmlischen Vater auf den Boden geworfen und trotzig um mich geschlagen. Ich sehe mich selbst, wie ich mich ungerecht behandelt fühlte, wie ich zornig, verbittert, enttäuscht, traurig, verzweifelt und wütend war. Ein Nein von Gott anzunehmen ist meistens ziemlich schwer. Häufig sind die Bitten, die wir an ihn gerichtet haben, tiefe Herzensanliegen und mit Sehnsucht verbundene Hoffnungen. Ein Nein fühlt sich dann an, als würde man ungebremst gegen eine Wand laufen. Und eigentlich ist es ja auch so. Es ist ein Stopp Gottes, ein „Das ist nicht der richtige Weg für dich". Dabei ist es immer meine Überzeugung, dass ich alles gründlich überlegt und abgewägt habe und dass der von mir entworfene Plan richtig sein muss. Deshalb sind mein Unverständnis und meine Enttäuschung dann umso größer, wenn Gott meine Bitte nicht erfüllt. Doch im

Grunde muss ich mir selbst schmerzvoll eingestehen: Meine Reaktion ist oftmals nichts anderes als ein Zweifeln an der Autorität und Allwissenheit Gottes, ein Zweifeln an seinen guten Absichten für mich.

Das in meinen Augen bitterste Nein, das Gott jemals ausgesprochen hat, ist gleichzeitig für mich persönlich von zwei verschiedenen Seiten unglaublich lehrreich und vorbildhaft:

> **„Abba, Vater, alles ist dir möglich. Lass diesen bitteren Kelch des Leidens an mir vorübergehen. Aber nicht, was ich will, sondern was du willst, soll geschehen."**
> Markus 14,36

Auf der einen Seite ist da der Sohn, der diese vollkommen verständliche Bitte an seinen Vater richtet: „Erspare mir dieses Leid!" Gleichzeitig erkennt er die Allmacht und Weisheit seines Vaters an und vertraut auf die Exzellenz seines Entschlusses. Und so akzeptiert der Sohn das Nein seines Vaters. Auf der anderen Seite ist da der Vater, der das inständige Bitten seines über alles geliebten Sohnes hört, ein Flehen, getränkt in Tränen, Angst und Verzweiflung, das ihm wahrscheinlich das Vaterherz zerreißt. Der allwissende Vater erspart ihm den Weg nicht. Er sieht das Herz seines Sohnes und dessen aufrichtiges Vertrauen in seinen väterlichen Ratschluss. Das Nachgeben auf die Bitte hätte dem Sohn die Qualen, die Schmach, die Schmerzen, ja, den Tod erspart. Die Konsequenz für uns, seine Kinder, und für die Weltgeschichte, wäre jedoch verheerend gewesen.

Mein himmlischer Vater lehrt mich in dieser Begebenheit, Mutter zu sein mit allen daraus folgenden Verantwortlichkeiten und Konsequenzen. Und er lehrt mich zu verstehen, warum manchmal ein Nein notwendig ist. Wir Eltern treffen oft Entscheidungen, die unsere Kinder nicht verstehen. Weil wir wissen, dass es gut für sie ist. Weil wir die Klarheit und die Weitsicht dafür haben. Und weil wir Erfahrungen und Wissen angereichert haben, welches unsere Schützlinge noch nicht haben. Wir Eltern prallen dann auf völliges Unverständnis. Auch wir sehen unsere Kinder wütend, zornig und traurig. Wir sehen sie toben, stampfen, schreien, weinen und verzweifeln, und es bricht uns das Herz. Es ist kaum zu ertragen. Wir wollen sie so nicht sehen. Wir möchten, dass sie glücklich sind, dass es ihnen gut geht. Das ist unsere oberste Priorität. Gleichwohl halten wir ihre Reaktionen aus demselben Grund aus: die Wut, den Frust, die Verzweiflung und die Trauer. Ebenso unseren eigenen Schmerz und unsere eigene Betroffenheit, denn wir hoffen, dass unsere Entscheidung unserem Kind tatsächlich zum Besten dient. Denn während Gott unfehlbar in seinem Handeln ist, machen wir Fehler und irren uns zuweilen.

Auch Gott hält unsere Enttäuschung und unsere Verzweiflung aus, denn er weiß, dass unser Kummer nicht von Dauer sein wird. Er wird vergehen. Gottes Liebe aber bleibt und die Gewissheit, dass er richtig entschieden hat. Auch wenn ich ihn in diesen Momenten nicht verstehe und auch nicht sehe, wie groß seine Sorge und seine Liebe für mich sind.

„Du weißt nicht, aus welcher Richtung der Wind kommen wird; du siehst nicht, wie ein Kind im Mutterleib Gestalt annimmt. Ebenso wenig kannst du die Taten Gottes ergründen, der alles bewirkt." Prediger 11,5

Gott weiß, dass unser Glück nur von kurzer Dauer, vorübergehend, flüchtig und vergänglich wäre, würde er alle unsere Wünsche erfüllen. Jedoch möchte er mehr für uns: das Leben in Fülle, geschenkt durch seine Gnade. Denn auch das kann ich aus dem Geschehnis im Garten Gethsemane lernen: Kind Gottes zu sein. Jesus lebte in perfekter Beziehung zu seinem Vater und kannte ihn durch und durch. Deshalb konnte er, trotz seiner Angst und trotz seines Flehens, tiefes Vertrauen in die göttlichen Einsichten seines Vaters haben. Ich darf mit Gott ringen und ihm meine Bitten, Zweifel und Sorgen vor die Füße werfen. Aber ich darf ebenfalls Vertrauen haben in die trefflichen Absichten des Vaters und mich demütig unter seinen heilsamen Willen stellen.

Der Tag ging zu Ende und mit den letzten Sonnenstrahlen verließen unser Haus auch Traurigkeit und Wut. Meine Tochter war immer noch nicht besonders glücklich über meine Entscheidung, aber endlich durfte ich sie in meine Arme nehmen. Ich versuchte ihr noch einmal in aller Ruhe zu erklären, warum ich so entschieden hatte. Doch ich denke nicht, dass sie meine Gedankengänge tatsächlich nachvollziehen konnte. In ihren Augen hatte ich einfach gegen sie entschieden. In ihren Augen war ich einfach ungerecht. Aber das war okay für mich. Und auch bei jedem Nein, das noch kommen muss, wird das so sein. Ich bin bereit, damit zu leben. Vielleicht werden meine Kinder eines Tages zurückschauen, begreifen und dankbar sein. Vielleicht aber auch nicht. Doch das spielt überhaupt keine Rolle. Wir Eltern tun es nicht um des Dankes willen. Den brauchen wir von unseren Kindern nicht. Aber wir wollen sie sicher, geborgen und glücklich wissen, aus Liebe.

So manches Nein von Gott habe ich in der Rückschau verstanden und erkannt, dass er tatsächlich zu meinem Besten entschieden hat. Aber es gibt auch viele Neins, die für mich nach wie vor unverständlich erscheinen. Nichtsdestoweniger halte ich daran fest, dass die Ewigkeit mir diese Geheimnisse offenbaren wird. Einst werde ich erkennen, dass jede Entscheidung, die Gott getroffen hat, jedes „Nein!", das er zu mir gesagt hat, in Wirklichkeit ein liebevolles, klares und bedingungsloses „Ja!" zu mir, seinem Kind, gewesen ist.

„HERR, zeige mir, welchen Weg ich einschlagen soll, und lass mich erkennen, was du von mir willst! Lehre mich Schritt für Schritt, nach deiner Wahrheit zu leben. Du bist der Gott, bei dem ich Rettung finde, zu jeder Zeit setze ich meine Hoffnung auf dich." Psalm 25,4-5

Am Ende des Weges

> „Ja, es stimmt: ‚Die Menschen sind wie das Gras, und
> ihre Schönheit gleicht den Blumen: Das Gras verdorrt,
> die Blumen verwelken. Aber das Wort des Herrn bleibt
> gültig für immer und ewig.‘ Und genau dieses Wort ist die
> rettende Botschaft, die euch verkündet wurde."
>
> 1. Petrus 1,25

Als unsere Töchter sieben und neun Jahre alt waren, verbrachten wir als Familie eine herrliche Woche am Comer See in Italien. Meistens lagen wir im Schatten eines wuchtigen Olivenbaums am See, ließen unsere Blicke über die mächtige Kulisse der Alpen schweifen, beobachteten, wie kleine Schäfchenwolken von der Hitze der Sonne aufgelöst wurden und lauschten dem sanften Rauschen des Flusses, der sich nach seiner Reise von den Bergen hier in den See ergoss. Den ganzen Tag flogen Pflanzensamen durch die Luft, die wie kleine Zuckerwattestücke aussahen. Die Kinder waren fast ununterbrochen im Wasser und ab und zu gesellte ich mich auf einer Luftmatratze dazu, kühlte mich ein wenig ab und ließ mich treiben.

Manchmal machten wir uns aber auch auf den Weg, um die pittoresken Städtchen des Sees zu erkunden. Immer mit dabei: mein geliebter Reiseführer. Ich bin die Urlaubsplanerin der Familie und informiere mich sehr gerne über Sehenswürdigkeiten, Naturspektakel und Unternehmungen in unserer

Urlaubsregion und organisiere so unsere Ferientage. An einem Tag fuhren wir also schon früh am Morgen mit einer der ersten Fähren über den noch müden See, während der Fahrtwind lange Mädchenhaare zerzauste und vereinzelte Gischtspritzer unsere Füße besprenkelten. Leider war die von mir ausgewählte Stadt trotz ihrer glanzvollen Architektur für uns dann doch eine Enttäuschung. Die Straßen waren überfüllt, die Preise in den Cafés unverschämt und nicht zuletzt fühlten wir uns irgendwie fehl am Platz. Dazu war es an diesem Tag so heiß, dass man meinte, die Umgebung riechen und schmecken zu können. Bald hatten wir genug von der Stadt und kehrten zum Bootsanleger zurück. Die Fähre fuhr den nächsten Hafen an, von dem aus man eine Villa mit großer Parkanlage besuchen konnte, auf die wir von der Fähre aus einen kurzen Blick erhascht hatten. Wir dachten, dass wir einen kleinen Abstecher machen könnten, auch wenn ich diesen Programmpunkt weder eingeplant noch mich darüber informiert hatte.

Der Weg vom Hafen zur Villa war dann doch weiter als gedacht. Er führte zunächst am Ufer des Sees entlang, das nun am Nachmittag in der erbarmungslosen Sonne lag. Der nächste Wegabschnitt führte zwar durch einen schattigen Wald, doch es ging steil bergauf und die Schwüle des Tages trugen wir wie einen schweren Rucksack auf unseren Schultern. Der Weg war mühsam und anstrengend. Doch wir hatten ja ein Ziel, auf das wir uns freuen durften, wo wir zur Belohnung rasten und uns erholen konnten. Endlich kamen wir am Eingangstor an. Doch dann die Ernüchterung: Es gab einen Eintrittspreis. Das ist an sich nichts Ungewöhnliches. Die Höhe des Preises allerdings schon, die hatte es in sich. So viel Geld hatten wir jedoch gar nicht dabei und Kartenzahlung war an diesem Tag nicht möglich. Wir blieben also am Tor stehen und starrten weiterhin auf den Preis an der Tafel, den wir nicht zahlen konnten, während andere erschöpfte Wanderer an uns vorbei in den Garten gingen. Ich fühlte mich furchtbar und machtlos. Denn selbstverständlich würden auch gutes Zureden oder ellenlange Erklärungen den Kassierer im Kassenhäuschen nicht milde stimmen und ein Auge für uns zudrücken lassen. Die ganze Mühe war also umsonst gewesen. Wir kamen nicht hinein. Der Preis war einfach zu hoch. So kehrten wir deprimiert um.

Erschöpft von der Hitze und der Anstrengung saßen wir dann am Bootsanleger und warteten auf die Fähre. Meine Töchter waren sichtlich unzufrieden und maulten, dass sie keine Lust mehr hätten. Ihren Frust konnte ich sehr gut nachvollziehen und so ließ ich das Jammern und Klagen über mich ergehen. Zur Abbitte versprach ich ihnen ein Eis, was sie dann etwas beschwichtigte. Allerdings lag meiner Tochter etwas auf dem Herzen, was sie unbedingt noch loswerden wollte. Prompt platzte es empört aus ihr heraus: „Mama, ich verstehe das nicht. Du weißt doch sonst immer alles, weil du ja immer alles in deinem schlauen Buch nachguckst. Warum hast du das jetzt nicht auch gemacht?"

Auf der Fähre kramte ich dann tatsächlich meinen Reiseführer heraus. Zunächst las ich, was wir verpasst hatten. Die Villa ist ein Publikumsmagnet. Der dazugehörige Gartenpark soll zu den schönsten am Comer See zählen. Ein paar zauberhafte Fotos untermalten diese These und wenn ich an den Aufwand und die Kosten dachte, mit dem diese riesige Anlage gepflegt und gehegt werden musste, empfand ich den hohen Preis für den Einlass sogar gerechtfertigt. Unter dem

Punkt „Infos" standen dann nicht nur Anfahrtsbeschreibung und Öffnungszeiten, sondern natürlich auch die Höhe des Eintrittsgeldes. Er war also kein Geheimnis. Alles war in dem Reiseführer nachzulesen, den ich die ganze Zeit dabeihatte. Ich schüttelte über mich selbst den Kopf und war nun noch frustrierter als zuvor. Alles, was ich für unseren Aufenthalt hier am See wissen musste, hielt ich in meinen Händen.

Später am Abend drückte die Schwere eines Sommertages meinen erhitzten Körper in den Stuhl auf unserem Balkon. Ich nippte an eiskaltem Weißwein, tunkte Ciabatta in moosgrünes Olivenöl und bewunderte den fliederfarbenen Himmel. Die Aussage meiner Tochter hatte mich nachdenklich gestimmt. Denn sie hatte recht, ihre Beobachtung war vollkommen richtig. Es gibt kaum etwas, worüber ich mich nicht gründlich informiere oder nachlese, wenn ich einen Rat brauche oder wissen möchte, wie ich etwas machen soll. Und eigentlich, musste ich denken, besitze ich ebenso einen Reiseführer für meinen Aufenthalt hier auf der Erde: die Bibel. Auch in ihr steht alles, was ich brauche, und dennoch vergesse ich oft, dieses allumfassende und allgemeingültige Handbuch des Lebens zu Rate zu ziehen.

> **„Ihr durchforscht die Heilige Schrift, weil ihr meint, in ihr das ewige Leben zu finden. Und tatsächlich weist gerade sie auf mich hin."** Johannes 5,39

Gott macht kein Geheimnis daraus, was wirklich wichtig ist und wie die ganze Geschichte ausgehen wird. Der Weg zum ewigen Leben liegt, bildlich gesprochen, vor uns wie ein offenes Buch. Und ich habe das Privileg, dass ich in einem Land lebe, in dem ich immer und zu jeder Zeit Zugang dazu habe. Alles, was wesentlich ist und zum Schluss wirklich zählt, ist niedergeschrieben. Am Ende des Lebens wird es vielleicht so sein wie auf der Wanderung zur Villa. Alle werden denselben beschwerlichen Weg hinter sich gebracht haben, alle kommen erschöpft und müde an und sehnen sich nach Ruhe. Aber nicht alle werden eingelassen. Manch einer wird, wie wir an diesem Tag, am Tor stehen und nicht hineinkommen. Der verlangte Eintrittspreis ist einfach zu hoch und nicht verhandelbar. Gott selbst hat ihn festgesetzt. Daher ist er mehr als gerecht und nicht in Zweifel zu ziehen. Jedoch kann kein Mensch ihn selbst aufbringen. Letzten Endes müssen wir das auch nicht. Denn Jesus spricht uns zu:

> **„Ich bin der Weg, ich bin die Wahrheit, und ich bin das Leben! Ohne mich kann niemand zum Vater kommen."**
> Johannes 14,6

Jesus ist das Tor, durch das wir hineingelangen. Als sein Kind bin ich eingeladen einzutreten und geradewegs am Kassenhäuschen vorbeizugehen. Daran glaube ich und daran halte ich fest. Erfüllt von barmherziger Gnade kann ich getrost den mühsamen Weg des Lebens beschreiten. Am Ende erwartet mich kein schmiedeeisernes, verschlossenes Tor, kein unbarmherziger Pförtner und keine tiefe Verzweiflung. Am Ende erwartet mich Jesus mit weit geöffneten Armen.

Tiefe Dankbarkeit erfüllte mich an diesem Abend und ein unglaubliches Staunen über die kindliche Weisheit meiner Tochter, deren Worte zu meinem Herzen gesprochen hatten.

Die kalte Schulter

„Wenn die Kinder klein sind, treten sie uns in den Schoß,
und wenn sie groß sind, ins Herz!"
Annette von Droste-Hülshoff

Meine achtjährige Tochter und ich hatten Streit. Kurz vor dem
Zubettgehen. Es war ein dummer Streit. So wie eigentlich fast
jeder Streit, ausgelöst durch eine Kleinigkeit. Sie hatte etwas
angestellt und dafür gab es eine Konsequenz. Und zwar die
Höchststrafe in den Augen meiner Kinder: Fernsehverbot.
Meine Tochter war unglaublich wütend auf mich. Tobend zog
sie sich in ihr Zimmer zurück und knallte die Tür hinter sich
zu. Ich saß am Esstisch und hörte über mir das aufgebrachte
Stampfen durch die Zimmerdecke. Es dauerte eine Weile, bis
es erstarb. Ich sah aus dem Fenster, betrachtete aber nichts. Ich
hing meinen Gedanken nach. Wie immer hatte ich Mitleid und
ein schlechtes Gewissen. Ein Teil von mir wollte die Strafe sofort zurücknehmen. Dennoch wusste ich, dass es eine Konsequenz hatte geben müssen für das, was sie getan hatte. Es war
mir wichtig, dass sie verstand, dass ihr Handeln Folgen hatte.

Später ging ich dann zu meiner Tochter, weil ich ihr eine
gute Nacht wünschen wollte. Und natürlich hatte ich gehofft,
mich mit ihr versöhnen zu können. In ihrem Zimmer war es
stockdunkel. Sie hatte die Rollos runtergelassen und das Licht
gelöscht. Ich erkannte ihre Umrisse unter der Bettdecke. Ihren

Körper hatte sie der Wand zugedreht. Ich fragte sie, im Türrahmen stehend, ob wir uns nicht noch vertragen wollten. Ich bekam ein „Nein!" an den Kopf geschleudert, was mich nicht wirklich verwunderte. Dann fragte ich sie, ob es nicht furchtbar sei, den Tag im Streit und unversöhnt zu beenden. Meine Tochter drückte ihren Kopf fest in ihr Kissen, atmete laut aus und ihre Schulter drehte sich noch weiter von mir weg. Trotzig sagte sie wieder „Nein!" und es hörte sich wie von ganz weit weg an. Mir wurde klar, dass ich an diesem Abend nichts mehr ausrichten konnte. Ihre Wut war einfach zu groß. Also sagte ich ihr „Gute Nacht!" und dass ich sie lieb habe. Dann, bevor die Tür ins Schloss fiel, schlüpfte noch ein wütendes „Ich dich nicht!" durch den Spalt und traf mich mit voller Wucht. Das saß. Ein Volltreffer in die Magengrube. Ich hatte die Deckung unten gehabt und wurde deshalb vollkommen unvorbereitet erwischt. Ein stechender Schmerz wühlte sich durch mein Inneres. Von meinem Verstand her wusste ich, dass sie es nicht so gemeint hatte. Und ich wusste auch, dass sie es nur gesagt hatte, weil sie wütend auf mich war. Trotzdem quälte mich dieser Satz und tat unsagbar weh.

Spät am Abend saß ich dann auf dem Sofa, die Bibel auf meinem Schoß. Eigentlich wollte ich ein paar Kapitel darin lesen, jedoch spukte das „Ich dich nicht!" meiner Tochter immer noch in meinem Kopf umher. Ich fühlte das Gewicht des Buches auf meinen Beinen und musste plötzlich daran denken, dass darin die größte und vollkommenste Liebeserklärung an mich niedergeschrieben war. Ein über tausendseitiges „Ich liebe dich!" von Gott an seine Kinder. Und erschütternd wurde mir bewusst: Gott muss dieses „Ich dich nicht!" täglich von vielen seiner Kinder ertragen. Er liebt die Menschen bedingungslos, doch viele erwidern diese Liebe nicht. Manche ignorieren sie einfach, andere treten sie mit Füßen. Wie sehr muss das Gott, den Vater, schmerzen, wie sehr zerrreißt es ihm wohl das Herz? Und trotzdem hört er nicht auf, seinen Kindern zuzusprechen, wie sehr er sie liebt:

„So viel bist du mir wert, dass ich Menschen und ganze Völker aufgebe, um dein Leben zu bewahren. Diesen hohen Preis bezahle ich, weil ich dich liebe."
Jesaja 43,4

Und er hört nicht auf, auch wenn sie es nicht verstehen. Denn er möchte das Beste für sie. Er ist Vater. Immer. Diese Tatsache lässt sich nicht auflösen. Man kann versuchen, sie zu ignorieren, doch es ändert am Fakt des Vater-Kind-Seins nichts. Deshalb hört er sich weiterhin die vielen „Ich dich nicht!" an. Und umso mehr freut er sich über ein „Ich dich auch!".

Am nächsten Tag war meine Tochter wieder fröhlich. Gleich nach dem Aufstehen umarmte sie mich und lächelte mich an, als wäre der gestrige Abend gar nicht passiert. Dennoch war es mir wichtig, mit ihr darüber zu reden. In aller Ruhe sprachen wir über alles und versöhnten uns. An diesem Abend flüsterte sie das von mir ersehnte „Ich dich auch!" in mein Ohr, woraufhin ich sie fest an mich drückte und in Gedanken Gott von Herzen für seine Liebe zu uns dankte.

Dieser Text erschien zuerst am 29.10.2018 auf der Website der christlichen Frauenzeitschrift „Lydia" unter www.lydia.net.

Im Dunkeln unterwegs

„Da redete Jesus abermals zu ihnen und sprach:
Ich bin das Licht der Welt; wer mir nachfolgt,
der wird nicht wandeln in der Finsternis, sondern
wird das Licht des Lebens haben." Johannes 8,12 (LUT)

Es war Anfang Januar. Für viele die Zeit, ihre mit Eifer gefass-
ten Vorsätze in die Tat umzusetzen. Aber auch die Zeit, in der
diese nach und nach aufgegeben werden und manch einer
über seine tollkühn geschlossenen Pläne wie über eine kurz-
zeitige Schwärmerei nun den Kopf schüttelt. Ich persönlich
mache mir nicht viel aus Neujahrsvorsätzen und halte es mit
dem Dichter Wilhelm Raabe, der einst gesagt haben soll: *„Der
schwierigste Weg, den ein Mensch zurückzulegen hat, ist der zwischen Vorsatz und Ausführung."*

Doch dieses Mal hatte ich mir tatsächlich etwas vorgenom-
men: Ich wollte mehr zu Fuß gehen. Geschuldet war dies meiner Feststellung, dass ich mich im Alltag viel zu wenig bewegte. Da unsere Familie in einem kleinen Dorf lebt, sind wir
auf unser Auto angewiesen. Trotzdem konnte ich für manchen
Weg unser Auto stehen lassen. Das klappte dann sogar besser,
als ich gedacht hatte. Ich genoss die kleinen Ausläufe, die klare
Luft und die Farbverläufe des Himmels, die eine wohltuende
Abwechslung zum Sitzen vor dem seelenlosen Bildschirm des
Computers waren.

Manchmal kam es dann auch vor, dass ich später am Abend durch unser Dorf lief. Die Straßen sind dann sehr einsam und spärlich beleuchtet, aber das störte mich nicht, ich hatte keine Angst. Mein Vater hingegen hatte da eine ganz andere Ansicht. Als er davon erfuhr, dass ich sogar im Dunkeln zu Fuß ging, bekam ich eine Standpauke von ihm, als wäre ich wieder ein kleines Kind und hätte etwas sehr Dummes angestellt. Wütend fragte er mich, was der Unsinn denn solle, ob ich nicht wüsste, wie gefährlich es denn sei, im Dunkeln unterwegs zu sein, und ob ich denn keine Nachrichten schauen würde. Zunächst dachte ich, er würde sich einen Scherz mit mir erlauben. Schnell wurde mir jedoch klar, dass er es ernst meinte. Das ärgerte mich. Immerhin war ich eine erwachsene Frau und nicht mehr seine kleine Tochter. Ich musste mir gar nichts mehr von ihm sagen lassen. Ich konnte mein Leben so leben, wie ich es für richtig hielt, ohne dass mein Vater sich einmischte. Doch allmählich glomm ein ganz neuer Gedanke zwischen all meinen Missbilligungen auf. Zunächst war er nur schwach, dann wurde er immer heller und funkelnder und schließlich überstrahlte er alle Überheblichkeit, die ich meinem Vater innerlich entgegengebracht hatte. Ich verstand: Er machte sich wirklich Sorgen um mich. Er liebte mich und ich war ihm wichtig. Und ich begriff, dass ich in den Augen meines Vaters wohl immer seine kleine Tochter bleiben würde. Als mir das klar wurde, fühlte ich ein wohliges Gefühl der Liebe für meinen Vater durch meinen Körper tänzeln.

Ich verzichtete trotzdem weiterhin auf das Auto, aber seine Ansprache hatte mich nachdenklich gemacht. In der Bibel lese ich oft, dass es meinem himmlischen Vater ebenfalls missfällt, wenn ich mich in der Dunkelheit bewege.

> **„Wer nachts unterwegs ist, stolpert in der Dunkelheit,
> weil das Licht nicht bei ihm ist."**
> Johannes 11,10

Bisher hatte ich mir dies immer damit erklärt, dass er die Sünde hasst und er natürlich nicht will, dass ich mit der Finsternis in Berührung komme. Doch nun erkannte ich einen ganz neuen Aspekt: Gott sorgt sich um mich! Eigentlich scheint dies logisch zu sein, aber aus irgendeinem Grund war mir das vorher nicht bewusst gewesen. Diese Eigenschaft hatte ich Gott bisher nicht zugeschrieben. Gott weiß, was mir in der Dunkelheit zustoßen kann. Er weiß, dass es mich und unsere Beziehung belastet, und er weiß, dass ich mich unvermeidlich verletzen werde. Er kennt die Dunkelheit. Er weiß um ihre alles verschlingende Gier, um ihren Hunger, der nie gestillt werden kann, um ihre Verführung und ihre Hinterhältigkeit. Und letztlich weiß er um ihr Verderben. Er hat sie am Kreuz erlebt. Und er hat sie am Kreuz besiegt.

Gott möchte nicht, dass ich mich verletze, dass ich mich in der Dunkelheit stoße. Als liebender Vater ist es für ihn unerträglich, mich leiden zu sehen. Denn ich tappe immer wieder in ihre Fallen. Wenn ich unachtsam bin, ihrem betörenden Flüstern nicht widerstehen kann, wenn ich überheblich denke, dass mir die Dunkelheit nichts anhaben kann oder dass ich ohne Gott zurechtkomme. Schließlich dauert es meist nicht lang, bis ich falle und der Schmerz mir die Kehle zudrückt. Dann bin ich dankbar, dass ich mit meinen aufgeschlagenen Knien zu Gott kommen darf. Ich erfahre immer wieder, dass er meine Wunden versorgt, ohne dass er mir Vorwürfe macht. Diese Fürsorge berührt mich und gibt mir das Gefühl, geschätzt und geliebt zu werden. Sie erhebt mich und schenkt mir Geborgenheit.

Mein Vater fand sich irgendwann damit ab, dass ich weiterhin zu Fuß gehe. Zuweilen wirft er mir noch einen vorwurfsvollen Blick zu, wenn ich an seinem Haus vorbeigehe, aber er sagt nichts mehr dazu. Und manchmal, wenn es tatsächlich sehr spät geworden ist und der Weg vom Bahnhof nach Hause doch zu furchterregend erscheint, rufe ich ihn an. Dann ist er überglücklich, dass er seine erwachsene kleine Tochter sicher nach Hause bringen darf. Durch ihn hatte ich verstanden: Auch für Gott werde ich auf ewig seine kleine Tochter sein, die er liebt, um die er sich kümmert und sorgt.

> **„Dein Wort ist meines Fußes Leuchte und ein Licht auf meinem Wege."** Psalm 119,105 (LUT)

Regenbogenfarben

„Von den Kindern kann man leben lernen und selig werden." Johann Wolfgang von Goethe

Die Kuchenteller waren leer gekratzt, Kaffeereste trockneten allmählich am Porzellan der Tassen, das harte Holz der Zeltgarnituren ließ keine gemütliche Sitzposition mehr zu und die Gespräche kamen nicht mehr über die Analyse der tropischen Wetterlage hinaus: Der zähe Part des Straßenfestes hatte begonnen.

Einmal im Jahr ließen wir Nachbarn unsere kleine Straße für Autos sperren. Wir bauten ein großes Zelt auf, bestellten einen Kühlwagen voller Getränke und jeder brachte etwas zu Essen mit. Wir starteten dann nachmittags mit einem gemeinsamen Kuchenessen, abends wurde gegrillt und bis spät in die Nacht beieinandergesessen. Am nächsten Morgen frühstückten wir noch zusammen, bevor wir das Zelt wieder abbauten und die Straßensperren entfernten. Es war eine schöne kleine Tradition, bei der die Nachbarschaftsgespräche endlich mal über den üblichen Small Talk hinausgingen und die Kinder mit ihren Fahrrädern die Straße ganz allein für sich hatten und durch alle Gärten tollten. Doch bis es so entspannt zuging, musste erst einmal das Kuchentief überwunden werden. Das war die Zeit zwischen leeren Kaffeekannen und Grillanzündern, die sich meistens sehr uninspiriert in die Länge zog und die einige sogar für ein Päuschen auf der heimischen Couch nutzten.

An diesem Tag kam eine erdrückende Hitze hinzu, welche für durchnässte T-Shirts sorgte und der Trägheit in die Karten spielte. Die ersten Nachbarn hatten sich bereits von ihren Plätzen erhoben, streckten ihre verspannten Glieder und sammelten ihr Geschirr ein, um sich nach Hause zu verabschieden. Auch ich war kurz davor, mich ebenfalls zurückzuziehen, als eine Nachbarin auf einmal alle Kinder zu sich rief. Das zog natürlich die Aufmerksamkeit aller auf sie, weil plötzlich eine Horde Kinder lautstark auf sie zugerannt kam. In ihren Händen hielt sie einen Korb, deren Inhalt noch geheimnisvoll mit einem Tuch verdeckt war. Sie erzählte den Kindern, aber auch den anderen Nachbarn, dass ihre Tochter, die ein Jahr in Indien gelebt hatte, ein Geschenk für sie hatte. Die Nachbarin zog einen durchsichtigen Plastikbeutel aus dem Korb, dessen Inhalt mohnblumenrot in der Sonne leuchtete. Ich erkannte sofort, was es war: Holi-Farbe. Mit Lebensmittelfarbe eingefärbte Maisstärke. In Indien bewerfen sich die Menschen mit den bunten Pulvern anlässlich des Frühlingsfestes gegenseitig. Der Korb war gefüllt mit noch mehr dieser Beutel in den herrlichsten Farben: Sonnengelb, Azurblau, Grasgrün, Traubenlila und Eidotterorange. Die Kinder jubelten und waren ganz aufgeregt. Sie hatten dann noch die Idee, sich weiße T-Shirts anzuziehen, damit man die Farben besser erkennen könnte. Keine zehn Minuten später standen sie alle in weißer Kleidung auf der Straße und die Farbbeutel lagen farbpalettengleich in ihrer Mitte. Jedes Kind hatte sich bereits eine Handvoll Farbpulver genommen, sie warteten nur noch auf den Startschuss. An diesem Nachmittag war kein Nachbar nach Hause gegangen.

Alle hatten sich in gebührendem Abstand einen Zuschauerplatz gesucht, die meisten hielten ihre Handys zum Fotografieren bereit. Die Kinder zählten gemeinsam bis drei und dann gab es ein grandioses Farbenfeuerwerk. Es dauerte nicht lange und die Kinder waren kunterbunt besprenkelt. Sie lachten und schrien vor Freude, warfen das Pulver in die Luft und malten so facettenreiche Kaleidoskope in den Himmel oder auf den, der gerade neben ihnen stand. Von den weißen T-Shirts war bald nichts mehr zu sehen. Sie erstrahlten in den schönsten Regenbogenfarben. Mir war klar, dachte ich mit einem Blick auf meine Mädels, dass ich die Farben wohl nie wieder herauswaschen könnte. Dasselbe galt wohl auch für ihre Haare. Diesen miesepetrigen Gedanken schob ich aber ganz schnell beiseite, denn die Kinder hatten so einen immensen Spaß. Ihre Glückseligkeit war unglaublich belebend, dazu leuchteten sie wie eine prachtvolle Blumenwiese, wunderschön anzusehen.

„Mama, komm, mach mit!" Meine achtjährige Tochter zupfte an meiner Hand, doch ich winkte ab und sie war sofort wieder im Tumult verschwunden. Ich betrachtete den blauroten Tupfer, den sie auf meiner Hand hinterlassen hatte. Dann blickte ich in die Runde auf und konnte in den zufriedenen Gesichtern sehen, dass die Freude der Kinder ansteckend war. Aber, so dachte ich wieder mit Blick auf den bunten Farbklecks, wir sind eben nur Zuschauer. Wir sind nicht dabei. Wir sind nicht Teil der Freude, sondern lediglich Beobachter. Sogleich stellte ich mir selbst die Frage, warum: Warum war ich der Aufforderung meiner Tochter nicht nachgekommen? Was hemmte mich, obwohl ein großer Teil in mir nichts lieber wollte, als einfach dabei zu sein und unbeschwert mitzumachen wie ein Kind?

Diese Frage geht mir auch in einem anderen Zusammenhang öfter durch den Kopf. Wo ist sie hin, meine Unbeschwertheit, meine Freude, mein Vertrauen? Immer dann, wenn ich an Gottes Liebe zu mir zweifle, wenn ich ihm nicht vertraue oder wenn ich mich selbst infrage stelle und mit meinen Bedenken und Ungewissheiten ringe und hadere, frage ich mich, was mit meinem kindlichen Glauben passiert ist. Nach ebendiesem frage ich auch, wenn es mir schwerfällt, die wunderbaren Gaben, dir mir der himmlische Vater schenkt, anzunehmen und mich einfach daran zu erfreuen. Stattdessen denke ich darüber nach, ob ich sie auch tatsächlich verdient habe, und bin oftmals nur eine abgeklärte Beobachterin, die nur darüber staunen kann, wie Menschen von Gottes Geist durchströmt sind, anstatt mich selbst darauf einzulassen.

> **„Ich versichere euch: Wenn ihr euch nicht ändert und so werdet wie die Kinder, kommt ihr ganz sicher nicht in Gottes himmlisches Reich."** Matthäus 18,3

Eigentlich scheint diese Stelle total widersinnig zu sein, doch Gott stellt unsere Denkweise wie immer auf den Kopf. Denn wir kommen doch als Kinder auf diese Welt und *werden erwachsen*. Jesus möchte aber, dass wir *wie die Kinder werden*, Gottes Kinder. Die Kinder des Königs, des Höchsten. Während kindliches Verhalten im Erwachsenenalter nach unseren Vorstellungen einen Rückschritt bedeutet, ist es für Jesus eine Weiterentwicklung, ein unerlässlicher Fortschritt. Denn eigentlich sind wir das ja schon: seine geliebten Kinder. Wir müssen jedoch Ja dazu sagen und es akzeptieren. Das ist kein biologischer Prozess, sondern eine Entscheidung. Keine verstandesmäßige Entscheidung, die mit dem (erwachsenen) Kopf getroffen werden könnte, sondern ausschließlich mit dem kindlichen Herzen. Immer wieder neu muss ich ein Ja dazu finden, denn das Leben und die Erfahrungen, die ich mache, berauben mich dieser kindlichen Vertrautheit, dieser Unbedarftheit und lassen mich manchmal vergessen, dass ich Gottes geliebte Tochter bin. Ich werde zögerlich, vielleicht sogar pessimistisch. Genau dann bin ich aber am verletzlichsten, dann flüstert mir der Feind Bedenken ins Ohr und bekräftigt die Skepsis meines Herzens. Dann ziehe ich mich gerne mal zurück und werde ein Zuschauer am Rande des Lebensgeschehens. Denn um Kind zu sein, muss ich mich fallen lassen, Gott vertrauen und verstehen, dass ich bedingungslos auf ihn hoffen darf. Ich muss mein farbloses Selbst von seinem majestätischen Prisma brechen lassen, damit meine wahren Farben zum Vorschein kommen. Dann kann ich die facettenreiche Schönheit erkennen, die Gott in mich hineingelegt hat und deren Strahlen er längst sieht.

Ich sah den Kindern dabei zu, wie sie unbekümmert und leichtherzig über die Straße hüpften. Selbst war ich wieder nur eine Dabeistehende am Rande des eigentlichen Geschehens. Und plötzlich dachte ich: „Ach, was soll's!" Unter den beobachtenden Blicken der anderen Erwachsenen griff ich mir eine Handvoll knallpinkes Farbpulver und stürzte mich in die tanzende Kindermenge. Es dauerte keine dreißig Sekunden und ich sah aus wie ein gemaltes Bild meiner Kinder. Das Glücksgefühl war überwältigend, ich lachte und kreischte, wie ich es schon seit einer gefühlten Ewigkeit nicht mehr gemacht hatte. Ich musste erst wie die Kinder werden, damit ich mich freuen konnte wie ein Kind. Dann spürte ich, wie mich eine volle Ladung Farbpulver am Hinterkopf traf. Umhüllt von grünem Nebel drehte ich mich um und erkannte meinen Mann, der kichernd vor mir wegrannte. Kurze Zeit später wuselte ein bunter Farbknäul von Kindern und Erwachsenen über die glücklicherweise abgesperrte Straße. Das Lachen allerdings hörte man bestimmt im ganzen Dorf.

„Verlass dich nicht auf deinen eigenen Verstand,
sondern vertraue voll und ganz dem HERRN!“
Sprüche 3,5

Die Fahrradprüfung

„Alle sind schuldig geworden und spiegeln nicht mehr
die Herrlichkeit wider, die Gott dem Menschen
ursprünglich verliehen hatte. Aber was sich keiner
verdienen kann, schenkt Gott in seiner Güte: Er nimmt
uns an, weil Jesus Christus uns erlöst hat."
Römer 3,23-24

Das Fahrrad meiner Tochter leuchtete in der Sonne. Den Staub
hatte sie vom Rahmen gewischt und die Speichen mühsam
vom Matsch befreit. Die Reflektoren blitzten und funkelten.
Ich bestaunte ihr Werk und war mir sicher, dass es das letzte
Mal so sauber gewesen war, als sie es neu bekommen hatte.
Es war ihr wichtig, dass ihr Fahrrad einen guten Eindruck
machte. Denn heute hatte die Viertklässlerin ihre Fahrradprüfung in der Schule. Deshalb hätte der Kontrast zwischen
dem vor Selbstbewusstsein strotzenden Fahrrad und seiner
sichtlich nervösen und verschüchterten Fahrerin auf dem Sattel nicht größer sein können.

„Du schaffst das schon!", sprach ich ihr aufmunternd zu
und klopfte ihr dabei sachte auf den behelmten Kopf. „Und
wenn nicht, darfst du halt nie wieder Fahrrad fahren." Ihr ent-
setzter Blick signalisierte mir, dass mein Witz wohl nicht zur
Auflockerung beigetragen hatte. Ich schob sie vom Hof und
rief ihr noch „Bis später!" hinterher. Ich hatte mich nämlich

mit einigen anderen Eltern bereit erklärt, die Schule bei der Prüfung zu unterstützen. Das machte ich natürlich gerne. Außerdem wurden uns Kaffee und Kekse zur Belohnung versprochen. Wer konnte so einem Angebot widerstehen?

Zunächst versammelten sich Eltern und auch einige Großeltern in einem Raum der Schule und ein Polizist wies uns in unsere Aufgaben ein. Jedem Helfer wurde ein Kontrollpunkt auf der Fahrstrecke durchs Dorf zugewiesen. Dann erhielten wir einen Prüfungsbogen mit den entsprechenden Verkehrsregeln, welche die Kinder zu beachten hatten. Hielten sie sich nicht daran, musste man einen Fehlerpunkt notieren. Dem Polizisten war es wichtig, dass wir die Kinder genau beobachteten, damit man später den Eltern eventuell mitteilen könnte, was ihr Kind noch üben und verbessern müsste. Das hörte sich in meinen Ohren vernünftig an. Dann wurden wir auf unsere Posten geschickt. Auf dem Schulhof gingen wir Hobbyprüfer an den Prüflingen auf ihren Fahrrädern vorbei. Wir winkten ihnen zu, doch die Reaktionen hielten sich in Grenzen. Es war nicht schwer zu erkennen, dass meine Tochter nicht die Einzige an diesem Morgen war, die ängstlich auf ihrem Fahrrad kauerte.

Die Kreuzung, an der ich mich aufstellte, war für die Prüflinge eine besonders knifflige Stelle. Sie mussten links auf die Hauptstraße abbiegen und dabei mehrere Faktoren gleichzeitig beachten. Dazu hatte ich den äußerst einseitigen, unsachlichen und parteiischen Eindruck, dass an diesem Morgen besonders viel Verkehr herrschte und mehr Lkws als sonst das hiesige Holzwarenlager anfuhren. Kind für Kind fuhr auf seinem Fahrrad an mir vorbei. Und ich war beeindruckt, wie souverän sie das alle in dieser ungewohnten Prüfungssituation meisterten. Trotzdem waren die Gegebenheiten an dieser

Kreuzung so verzwickt, dass jedes Kind mindestens einen Fehler machte, manche leider auch mehrere. Meist war es nur eine Kleinigkeit, vergessen in der Aufregung, aber Regel ist Regel. Ich konnte auf meinen Prüfungsbogen nicht unterscheiden zwischen einer Lappalie und einem großen Patzer, der im schlimmsten Fall zu einem Unglück führen könnte.

Dann sah ich meine Tochter auf die Kreuzung zufahren mit starrem Blick und vollkommen konzentriert. Ich merkte, dass mein Herzschlag ein wenig schneller wurde, und ich hoffte innerlich so sehr, dass sie doch an alles denken möge, dass sie alles richtig machen würde. Immerhin kannte sie die Regeln. Und zurufen, dass sie doch an den Schulterblick denken sollte, durfte ich nicht. Leider machte sie, wie alle anderen, auch einen Fehler. Und ich staunte über mich selbst, wie schwer es mir fiel, ihr diesen Fehlerpunkt geben zu müssen. Am liebsten hätte ich es durchgehen lassen. Niemand würde es merken. Aber es wäre eine Lüge. Und natürlich wäre es nicht gerecht. Bei keinem anderen Kind war ich so traurig darüber, den Fehlerpunkt auf dem Prüfungsbogen notieren zu müssen.

Zurück in der Schule sah ich erleichterte Kinder auf ihren Fahrrädern ausgelassen über den Schulhof sausen. Es war schön, endlich ihr Lachen zu hören und die Last auf ihren Schultern zusammen mit ihren Jacken in der hintersten Ecke herumliegen zu sehen. Wir Helfer gaben unsere Bögen dem Polizisten, der schon nach kurzer Zeit verkündete, dass alle Kinder die Prüfung bestanden hätten. Und endlich bekamen wir unseren versprochenen Kaffee. Nur für die Kekse kam ich zu spät.

Am nächsten Tag las ich in der Bibel im Buch Joel. Das zweite Kapitel handelt von einem Aufruf zur Herzensumkehr. Ein Vers fiel mir dabei besonders ins Auge:

Sofort war ich wieder mitten in der gestrigen Fahrradprüfung, stand an der Kreuzung und beurteilte die Leistung meiner Tochter. Ich konnte ihn noch genau nachempfinden, diesen „Eifer", den ich für meine Tochter verspürte, während sie auf die Kreuzung zufuhr, und mein bedauerndes Mitgefühl, als ich ihr den Fehlerpunkt geben musste. Denn immerhin ist sie mein Kind. Ich liebe sie und möchte nur das Beste für sie. Wie sehr würde ich mir für sie wünschen, dass sie makellos und fehlerfrei durchs Leben gehen könnte! Dass sie am Ende einen einwandfreien Prüfungsbogen vorweisen könnte. Doch ich weiß, dass dies ein unrealistisches Hirngespinst ist. Auch sie wird Fehler machen. Auch sie wird andere verletzen und Dinge tun, die nicht Gottes Willen entsprechen. Genauso wie ich.

So wie ich meiner Tochter den Fehlerpunkt geben musste, so muss auch Gott, weil er vollkommen gerecht ist, mir für mein Versagen ebenso einen Fehlerpunkt geben. Denn obwohl ich Gottes Kind bin, bedeutet das noch lange nicht, dass er über meine Sünden großzügig hinwegsieht und auch mal ein Auge zudrückt. Aber weil ich Gottes Kind bin, schenkt er mir etwas Kostbareres, Heilsameres, Wohltuenderes, etwas, dass ich meiner Tochter in der Prüfung nicht geben konnte: Er vergibt mir meine Fehlerpunkte. Er verschont mich. Denn Gott hat die Macht und die Autorität, meine Sünden von mir zu nehmen.

Vor dem Fenster sehe ich meine Töchter auf ihren Fahrrädern die Straße auf und ab flitzen. Und ich denke, dass auch ich irgendwie durch dieses Leben radle. Manchmal verängstigt, manchmal hochmütig sitze ich auf meinem Sattel. Manchmal rase ich, manchmal trödle ich und manchmal habe ich schwer zu strampeln. Mal biege ich falsch ab, mal vergesse ich den Schulterblick oder nehme anderen die Vorfahrt. Aus diesem Grund bin ich dankbar zu wissen: Gott, mein Vater im Himmel, sieht mir zu und er eifert für mich. Er hofft, dass ich die richtigen Entscheidungen treffe, und er hat tiefes Mitgefühl für mich, wenn ich einen Fehler mache. Der Bibelvers aus Joel ermutigt mich. Ich fühle mich wertgeschätzt und nicht allein gelassen. Weil ich seine geliebte Tochter bin. Gott ist gerecht und kann nicht über Fehler hinwegsehen. Darüber bin ich sehr froh, weil es bedeutet, dass alles Böse zur Rechenschaft gezogen wird und kein Unrecht ungesühnt bleibt. Jedoch würde auch ich niemals vor Gott bestehen können, wenn er nicht gnädig und liebend wäre. Deshalb sandte er in seinem Eifer und aus tiefem Mitgefühl für seine Kinder Jesus in diese Welt und ließ ihn die Fehlerpunkte ein für alle Mal auslöschen. Er nahm meinen fehlerhaften Prüfungsbogen mit ans Kreuz. Meine Fehler werden nun durch sein Blut verdeckt.

„Das ist mein Blut, mit dem der neue Bund zwischen Gott und den Menschen besiegelt wird. Er wird zur Vergebung ihrer Sünden vergossen." Matthäus 26,28

Der leere Platz

„Nun seid ihr alle zu Kindern Gottes geworden, weil ihr
durch den Glauben mit Jesus Christus verbunden seid."
Galater 3,26

Zwischen meiner neunjährigen Tochter und mir herrschte
Funkstille. Ich hatte ihr etwas nicht erlaubt und deshalb
war sie wütend auf mich. Sehr, sehr wütend. Das Crescendo
endete in einem Grande Finale aus Treppehochstampfen und
Zimmertürzuknallen. Ich ging ihr nicht hinterher, denn ich
wusste, dass sie nun viel zu aufgebracht war für ein klärendes
Gespräch. Lange hörte ich keinen Mucks aus ihrem Zimmer
und ich hoffte, dass sie sich allmählich beruhigt hatte. Dann
war es Zeit für das Abendessen. Wir saßen alle am Tisch, nur
eine Tochter fehlte. Ich rief nach ihr. Keine Reaktion. Nun rief
mein Mann. Wieder keine Reaktion. Er ging ins Obergeschoss
und klopfte an ihre Zimmertür. Als er wieder hinunterkam erklärte er, dass sie nicht zum Essen kommen wolle. Ganz offensichtlich war sie wohl immer noch sauer auf mich.

„Gut", sagte ich etwas gekränkt, „dann essen wir halt ohne
sie." Das taten wir dann auch. Aber ich könnte nicht behaup-
ten, dass ich großen Appetit gehabt hätte. Immer wieder fiel
mein Blick auf den eingedeckten Platz, der leer geblieben war.
Zwar war ich auch ein wenig verärgert, aber das Herzweh darüber, dass die Tischrunde unvollständig war, überwog. Die

Gedanken an meine Tochter, die allein in ihrem Zimmer saß, konnte ich nicht beiseiteschieben. Ich wünschte mir so sehr, dass sie jetzt hier mit uns am Tisch säße.

Der leere Platz machte mich auch deshalb so traurig, weil er mich sofort an eine Familie in unserem Bekanntenkreis erinnerte. Dort hatten sich Vater und Sohn vor Jahren zerstritten. Nach einer Auseinandersetzung hatte der Sohn den Kontakt abgebrochen und verweigert seither jegliches Gespräch. Der Vater hatte bereits mehrere Versuche unternommen, dass es zu einer Aussprache und Versöhnung kommen könnte, die der Sohn jedoch ablehnt. Der Vater leidet sehr darunter. Er spricht nicht viel darüber und wenn, dann merke ich, wie unangenehm es ihm ist, wie sehr es ihn schmerzt und wie groß die Lücke ist, die durch nichts anderes geschlossen werden kann. Es ist ein Teil der Familie, der fehlt. Die ersten Jahre hatte der Vater bei Feierlichkeiten immer einen Teller für seinen Sohn decken lassen in der Hoffnung, dass er kommen würde. Es war nur eine kleine Geste, aber sie versetzte mir jedes Mal einen kleinen Stich ins Herz, wenn ich es mitbekam. Denn dieser Platz blieb immer leer und erinnerte daran, dass jemand fehlte. Ich denke, dass die Enttäuschung des Vaters jedes Mal entsetzlich gewesen sein musste.

Und jedes Mal musste ich dabei unwillkürlich an Gott denken, unseren liebenden Vater, der immer wieder auf leere Plätze an seiner Tafel schauen muss. Wie unerträglich muss das für ihn sein? Für den Vater, der die Hoffnung nicht aufgibt, dass seine verlorenen Kinder eines Tages zu ihm zurückkehren werden. Der sie sieht, wie sie sich allein in ihr Zimmer zurückgezogen haben. Vielleicht sind sie wütend oder ängstlich, vielleicht sind sie voller Sorgen oder Selbstzweifel, vielleicht fühlen sie sich ungeliebt und ungerecht behandelt. Gleichwohl lässt Gott sie wissen, dass die Tür nur von einer Seite verschlossen ist. Mit offenen Armen wartet er auf seine Kinder. So wie der Vater in Jesus' Gleichnis vom verlorenen Sohn wartet:

> „Er [der Sohn] machte sich auf den Weg und ging zurück
> zu seinem Vater. Der erkannte ihn schon von weitem.
> Voller Mitleid lief er ihm entgegen, fiel ihm um den Hals
> und küsste ihn." Lukas 15,20

Es ist so wundervoll zu lesen, wie groß und unermesslich dann Gottes Freude darüber ist, wenn seine Kinder zu ihm zurückkommen und endlich bei ihm am Tisch sitzen:

> „Wir wollen essen und feiern! Denn mein Sohn war tot, jetzt
> lebt er wieder. Er war verloren, jetzt ist er wiedergefunden."
> Lukas 15,23-24

Irgendwann hat unser Bekannter aufgehört, einen Teller für seinen Sohn zu decken. Nun erinnert nichts mehr daran, dass eigentlich jemand fehlt. Deswegen bin ich umso dankbarer, dass Gott diese Hoffnung niemals aufgeben wird. Egal, was geschieht. Egal, ob sein Widersacher tobt, lacht und brüllt und Gott sich selbst sogar für seine geliebten Kinder opfern muss. Am Tisch Gottes ist für alle seine Kinder gedeckt.

> „Du bereitest vor mir einen Tisch im Angesicht meiner
> Feinde." Psalm 23,5a (LUT)

Während ich das Abendessen lustlos kaute, hörte ich plötzlich leise Schritte auf der Treppe. Meine Tochter setzte sich wortlos an den Tisch und begann zu essen. Sie war offensichtlich immer noch wütend auf mich und würdigte mich keines Blickes. Jedoch zu sehen, dass die ganze Familie am Tisch saß, genügte mir vorerst. Diese Tatsache allein machte mich schon zufrieden und glücklich, als feierte ich ein kleines Fest in meinem Herzen. Am liebsten wäre ich ihr auch, wie der Vater im Gleichnis, um den Hals gefallen und hätte sie mit Küssen bedeckt. Selbstverständlich beherrschte ich mich in diesem Moment. Später würde sie aber höchstwahrscheinlich nicht mehr darum herumkommen ...

Unpassend

"Ich habe dich schon gekannt, ehe ich dich im Mutterleib bildete, und ehe du geboren wurdest, habe ich dich erwählt, um mir allein zu dienen." Jeremia 1,5a

Wir sind nicht gerade eine Familie von Frühaufstehern. Wobei ich zugeben muss, dass ich der größte Morgenmuffel von allen bin. Meine gute Laune steht meistens erst zwei Stunden nach mir auf. Von mir stammt deshalb auch die Regel des morgendlichen Singverbots am Frühstückstisch (– ja, das ist in unserer Familie tatsächlich vonnöten!). Ein Sprechverbot habe ich hingegen nicht durch den Familienrat gebracht, aber man muss auch mit kleinen Siegen zufrieden sein.

An einem normalen Schultag läuft ein Morgen in unserem Haus immer gleich ab: Zunächst ist alles sehr ruhig und gemächlich, weil die Kinder nicht wirklich in die Gänge kommen. Und weil es zunächst so ruhig und gemächlich ist, wird es dann augenblicklich turbulent und hektisch. Man könnte meinen, dass wir irgendwann aus unseren Fehlern lernen sollten. Dennoch rennen die Kinder fast jeden Morgen aus dem Haus. Fit sind sie jedenfalls. Ferner ist es ein offenes Geheimnis in unserer Straße, dass die Nachbarn schon gar nicht mehr versuchen, den Zug zu erreichen, wenn sie meinen Mann an ihrem Haus vorbeilaufen sehen. Dann wissen sie, dass es wirklich viel zu spät ist.

Genauso gemächlich kommen unsere Denkprozesse in die Gänge. Auch da sind wir alle meist noch nicht wirklich auf der Höhe unserer tatsächlichen geistigen Kräfte. Einmal schlurfte ein Kind an den Frühstückstisch und hatte vergessen, im Flur das Licht auszuschalten. „Könntest du bitte noch das Licht ausmachen?", bat ich sie, woraufhin sich meine Tochter erhob, das Licht im Esszimmer löschte, sich wieder an den Tisch setzte und wir alle im Dunkeln saßen. Es dauerte einen Moment, bis wir alle verstanden hatten, was passiert war. Doch dann mussten wir so lachen, dass wir beschwingt in den Tag starten konnten.

Dann war wieder einer dieser Morgen, an dem sich die Müdigkeit langsamer zurückzog als die Dunkelheit am Horizont und der Nebel sich nicht nur hartnäckig in den Tälern, sondern auch in unseren Köpfen hielt. Als meine Töchter, wie immer fertig angezogen, zum Frühstück kamen, saß ich bereits am Tisch, vertieft in die Schlagzeilen des Tages. Hätte ich ihnen da bereits eine kurze Sekunde meiner Aufmerksamkeit geschenkt, hätte es vielleicht einmal ein fast entspannter Morgen werden können. Irgendwann blickte ich auf die Uhr und stellte fest, dass es für die beiden höchste Zeit war, zur Schule zu gehen. Die einzige logische Erklärung dafür konnte nur sein, dass eine Minute morgens, oder wenn man es eilig hat, lediglich 30 Sekunden andauert. Anders konnte es einfach nicht sein, dass es wieder einmal so spät geworden war.

Ich beobachtete meine Töchter dabei, wie sie Jacken und Schuhe anzogen. Da erst fiel mir etwas an meiner zehnjährigen Tochter auf: Die Hose, die sie trug, war viel zu kurz. Und damit meine ich nicht die aktuell knöchelfreie Hosenmode. Der Saum reichte gerade einmal bis zur Mitte ihrer Wade. Bei genauerem Betrachten sah ich auch, dass der Stoff ganz eng und prall an ihren Beinen saß. Diese Hose war meiner Tochter definitiv viel zu klein, was nur einen Schluss zuließ: „Kann es sein, dass du die Hose deiner kleinen Schwester trägst?", fragte ich sie also. „Keine Ahnung, ich hab die genommen, die da rumlag", antwortete sie vollkommen gleichgültig. „Findest du die nicht ein bisschen klein? Und wie bist du überhaupt da reingekommen?" Ich war vollkommen fassungslos, dass sie das nicht bemerkt hatte. Diesmal war die Antwort nur ein Schulterzucken. Ich legte ihr also nahe, dass sie sich bitte schnell umziehen möge. Dazu hatte sie aber keine Lust. Daraufhin entbrannte eine Diskussion. Ich argumentierte, dass es draußen zu kalt für eine Caprihose sei, dass es doch unglaublich unbequem in dieser knappen Hose sein müsse und natürlich, dass es furchtbar aussäh. Sie entgegnete nur, dass sie nicht friere, sich einigermaßen gut in der Hose bewegen könnte und außerdem, dass es ihr egal wäre, wie sie aussähe. Über ihre letzte Widerlegung freute ich mich innerlich natürlich und auch das Argument, dass ihr nicht kalt wäre, hätte ich gelten lassen. Was jedoch in meinen Augen vollkommen inakzeptabel war, war die Tatsache, dass sie den ganzen Tag eine Hose tragen würde, die völlig unbequem für sie war und in der sie sich kaum würde bewegen können. Diskussion hin oder her, sie musste sich umziehen gehen, was sie schließlich auch unter lautem Protest und vielfältigen Unmutsbekundungen tat. Und dann rannte sie zur Schule. Wie jeden Morgen. Wenigstens, dachte ich, war es ihr nun möglich, in dieser anderen Hose zu rennen.

Während ich den Frühstückstisch abräumte, dachte ich über die Hosengeschichte nach und musste sehr schmunzeln.

Und irgendwie musste ich auch an die Geschichte von David denken, bevor er gegen den Riesen Goliath gekämpft hatte. König Saul wollte David nicht in dessen Hirtengewand in den Kampf ziehen lassen, sah er ihn doch auch so schon als den offensichtlich Unterlegenen an:

> **„Dann gab er David seine eigene Rüstung. Eigenhändig setzte er ihm den Helm aus Bronze auf und zog ihm den Brustpanzer an. Zuletzt schnallte David sich den Gürtel mit dem Schwert um. Mühsam versuchte er einige Schritte zu gehen, denn er hatte noch nie zuvor eine Rüstung getragen. ‚Das geht nicht! Ich kann mich ja kaum darin bewegen‘, sagte er und zog die Rüstung wieder aus. Stattdessen nahm er seinen Hirtenstock und seine Steinschleuder, holte fünf flache Kieselsteine aus einem Bach und steckte sie in seine Hirtentasche. Mit Stock und Schleuder in der Hand schritt er dann auf den Riesen zu.“**
>
> 1. Samuel 17,38-40

Für alle passierte dann das Unfassbare: David siegte. Mit dem ausgestattet, was für ihn persönlich am besten passte. Die Rüstung war nicht für ihn gedacht gewesen. Und er hatte es selbst schnell gemerkt: „Ich kann mich ja kaum darin bewegen!“ David vertraute auf Gott und darauf, wie er ihn befähigt und ausgerüstet hatte.

Vielleicht muss ich mich selbst auch immer wieder hinterfragen: Passt mir die Rüstung, die ich anhabe, oder trage ich sie nur deshalb, weil ich keine Lust habe, mich umzuziehen? Nutze ich die Gaben, mit denen Gott mich ausgerüstet hat, oder tue ich einen Dienst, für den ich eigentlich gar nicht geeignet bin? Welche Ausflüchte verwende ich, um mich selbst zu rechtfertigen? Selbst wenn die Ärmel zu lang sind oder die Hose zu knapp ist. Möglicherweise merke ich sogar, dass die Sachen mir nicht passen, dass sie mich in meiner Bewegungsfreiheit einschränken, mich einengen, und ich deshalb meine Aufgabe nicht hundertprozentig ausfüllen kann.

> **„Jedem Einzelnen von uns aber hat Christus besondere Gaben geschenkt, so wie er sie in seiner Gnade jedem zugedacht hat."** Epheser 4,7

Habe ich dann den Mut, mir dies einzugestehen? Doch vermutlich brauche ich meinen himmlischen Vater, der mich im Trubel meines Alltags einmal innehalten lässt und mich fragt: „Kann es sein, dass du nicht deine eigene Rüstung trägst?" Der mir klarmacht, dass ich nicht das trage, was er für mich ausgewählt hat. Wahrscheinlich wird mir zunächst meine Bequemlichkeit im Weg stehen und wahrscheinlich habe auch ich eine Menge Ausreden parat: „Das mache ich doch jetzt schon so lange", „Es gibt sonst niemanden, der diesen Dienst tun könnte", „Was sollen denn die anderen denken?" oder „Es passt schon irgendwie". Werde ich dann trotzdem wie meine Tochter einlenken und über meinen Schatten springen können? Denn insgeheim wusste sie natürlich, dass ich recht hatte und dass ich sie damit nicht ärgern wollte. Letztendlich vertraut sie mir und darauf, dass ich es gut mit ihr meine.

Genauso möchte ich meinem himmlischen Vater vertrauen. Die Gaben Gottes sind nicht zufällig. Sie sind kein Zeichen besonderer Geistlichkeit, sondern ein reines Gnadengeschenk, durch göttliche Weisheit ausgewählt. Gott hilft mir, diese Gaben in Gnade auszuüben, damit ich sie großzügig auslebe, den Blick immer auf das Kreuz und Gottes Reich gerichtet. Seine Kleider für mich sind sorgfältig ausgesucht und maßgeschneidert. Sie sind nichts Statisches, sondern werden auch immer wieder neu angepasst und ausgebessert, wenn es notwendig ist. Damit ich in der Rüstung, die Gott perfekt für mich ausgewählt hat und die mir passt wie eine zweite Haut, meinen Riesen des Lebens entgegentreten kann.

Der Papierstern

> „Alle, die sich von Gottes Geist regieren lassen, sind
> Kinder Gottes. Denn der Geist Gottes, den ihr empfangen
> habt, führt euch nicht in eine neue Sklaverei, in der ihr
> wieder Angst haben müsstet. Er hat euch vielmehr zu
> Gottes Söhnen und Töchtern gemacht. Jetzt können wir
> zu Gott kommen und zu ihm sagen: ‚Abba, lieber Vater!'"
> Römer 8,14-16

Meine Töchter lieben es, ihre Zimmer in der Adventszeit weihnachtlich zu dekorieren. Ich will nicht sagen, dass sie das von mir haben, aber von ihrem Vater auf jeden Fall nicht. Von ihm haben sie höchstens einen gewissen Hang zur Übertreibung. In manchen Jahren waren ihre Fenster dermaßen mit selbst gebastelten Fensterbildern beklebt, dass kaum Tageslicht in ihre Zimmer drang. Das hat sich mittlerweile glücklicherweise von selbst reguliert. Die Basteleien sind Lichterketten und ein paar weihnachtlichen Klebefolien gewichen. Zusätzlich habe ich jeder Tochter einen beleuchteten Papierstern geschenkt, die sie in ihre Fenster hängen. Sie sind weiß und schnörkelige Muster sind in die Pappe gestanzt, die behaglich in der Dunkelheit erstrahlen.

Während der letzten Adventszeit kam ich abends nach Hause und entdeckte, dass nur noch ein Stern in einem der Fenster leuchtete. Ich ging in das Zimmer meiner zehnjährigen Tochter und fragte sie, ob ihr der Weihnachtsstern nicht mehr gefiel. Etwas zerknirscht sagte sie: „Doch, aber der ist kaputt." „Macht doch nichts", entgegnete ich. „Vielleicht können wir ihn ja reparieren." Ich merkte, wie unangenehm meiner Tochter das Thema war. Mit gesenktem Blick sagte sie kleinlaut: „Hab' ich schon versucht. Jetzt ist es noch schlimmer geworden."

Nach etwas gutem Zureden holte sie den Stern doch noch hervor. Sie hatte ihn in ihrer Bastelkiste versteckt. Und sie hatte recht gehabt. Viel war von dem ursprünglichen Stern nicht mehr übrig. Keine Spitze hing mehr an der anderen, es war ein loses Gebilde von Dreiecken, die lediglich noch von der Lichterkette zusammengehalten wurden. Dann sah ich die Reparaturversuche meiner Tochter: Unmengen von Klebeband, das nicht stark genug war, um die Falzen aneinanderzuhalten, und dazu geschätzt literweise Bastelkleber, der aber nicht an den entscheidenden Stellen aufgetragen worden war. Nun konnte ich verstehen, wieso meine Tochter so betrübt war über den Zustand des einst so herrlich leuchtenden Sterns.

„Warum bist du denn nicht zu mir gekommen? Ich hätte dir doch helfen können", sagte ich. „Ich dachte, dass ich das allein hinbekomme. Und dann wurde es immer schlimmer und dann hab' ich mich nicht mehr getraut, dich zu fragen", antwortete meine Tochter richtig geknickt. Voller Mitgefühl nahm ich sie in den Arm und versicherte ihr, dass ich den Stern wieder reparieren würde. Dies gelang mir dann auch leicht. Für mich war das nicht besonders schwer, da ich das nötige Geschick und das passende Handwerkszeug dazu hatte. So konnte der Weihnachtsstern bald wieder am Fenster meiner Tochter heimelig erstrahlen.

Als ich die Falze des Sterns mit meinen Fingern zusammen-
gedrückt hielt, während der Kleber trocknete, wurde mir ziemlich schnell klar, was Gott mir durch diese Begebenheit hatte
zeigen wollen. Ich wusste es bereits, als ich meine Tochter gefragt hatte: „Warum bist du denn nicht zu mir gekommen?"
Und auch ihre Antwort klang seltsam vertraut: „Ich dachte,
dass ich das allein hinbekomme." Denn diese Worte sind mir
selbst schon unzählige Male durch den Kopf gegangen. Ich
musste darüber nachdenken, wie oft ich mit meinen Anliegen,
Sorgen und Nöten erst dann zu Gott gekommen bin, wenn es
bereits unaushaltbar schlimm geworden war. Und das, obwohl
ich die Zusagen der Bibel doch eigentlich kenne.

> **„Überlass alle deine Sorgen dem HERRN! Er wird dich wieder
> aufrichten; niemals lässt er den scheitern, der treu zu ihm
> steht."** Psalm 55,23

Und habe ich nicht auch gelesen, dass Jesus sich stets an seinen Vater wandte und sich immer wieder zum Gebet zurückzog?

> **„Am nächsten Morgen stand Jesus vor Tagesanbruch auf und
> zog sich an eine einsam gelegene Stelle zurück, um dort
> allein zu beten."** Markus 1,35

Wenn es für Jesus eine alltägliche Selbstverständlichkeit war,
sich mit allen Dingen an seinen Vater zu wenden und seine
Nähe zu suchen, wie komme ich dann bloß auf den Gedanken, dass ich das nicht bräuchte? Dass ich irgendwie allein
mit meinen Belangen zurechtkommen müsste? Vielleicht ist

es mein Stolz oder mein mangelndes Vertrauen. Vielleicht ist es aber auch die Welt da draußen, die mir einredet, dass nur Schwächlinge Hilfe in Anspruch nehmen. Ich sitze dann vor meinem Scherbenhaufen und versuche selbst, ihn stümperhaft mit unzulänglichen Hilfsmitteln zu reparieren. Obwohl die Erfahrung mich lehrt, dass ich es nicht schaffe, springe ich viel zu selten über meinen Schatten. Irgendwann gesellt sich die Scham über das eigene Versagen hinzu und ich versuche zu verbergen, was für meinen himmlischen Vater längst offensichtlich ist. Denn er hat mir von Anfang an dabei zugesehen, gewartet und gehofft, dass ich mich an ihn wende. Und er ruft mir immer wieder zu:

> **„Kommt alle her zu mir, die ihr euch abmüht und unter eurer Last leidet! Ich werde euch Ruhe geben."**
> Matthäus 11,28

Sein Angebot steht felsenfest und unerschütterlich, jeden Tag neu. Jedoch würde er mir seine Hilfe nicht gegen meinen Willen aufdrängen. Dabei sind meine Anliegen bei Gott bestens aufgehoben. Er weiß genau, was zu tun ist und was ich wirklich brauche, und er besitzt die Stärke, Macht und Autorität, mir zu helfen. Er nimmt mich in den Arm und versichert mir, dass er sich kümmern wird. Und ich darf begreifen: Was für mich unüberwindbar scheint, ist für ihn möglich.

Auch in der nächsten Adventszeit schmückten meine Töchter ihre Zimmer und hängten wieder die leuchtenden Sterne auf. Und auch dieses Mal kam ich eines Tages nach Hause und vermisste den einladenden Lichterschein in einem der Fenster. Aber etwas war doch anders: Dieses Mal hatte meine Tochter den Stern, an dem sich eine kleine Ecke gelöst hatte, voller Zuversicht und Vertrauen auf meinen Schreibtisch gelegt. Dieses Verhalten möchte ich von ihr lernen.

„Ladet alle eure Sorgen bei Gott ab, denn er sorgt für euch."
1. Petrus 5,7

Der Makel an der Wand

> „Er ging mit ihnen um wie ein Adler, der seine Jungen
> fliegen lehrt: Der scheucht sie aus dem Nest, begleitet
> ihren Flug, und wenn sie fallen, ist er da, er breitet seine
> Schwingen unter ihnen aus und fängt sie auf."
>
> 5. Mose 32,11

„Wie konntet ihr eurer Tochter das nur antun?"

Die Frage trifft uns unvorbereitet. „Die hat doch bestimmt jetzt ein psychisches Trauma." Der Vorwurf surrt durch die Luft. Er soll uns hart treffen. Doch er prallt an uns ab. Denn wir sind uns keiner Schuld bewusst, ganz im Gegenteil. Wir sind uns sicher, das Richtige getan zu haben. Nun, was haben wir, mein Mann und ich, als Eltern, Erziehungsberechtigte, Vorbilder und Mentoren, nach der Meinung unserer Nachbarn unserem Kind, unserer fast elfjährigen Tochter, angetan?

Den letzten Sommerurlaub verbrachten wir in einer schönen Ferienwohnung in der wundervollen Sächsischen Schweiz. Ein kleines Paradies für unsere Familie. Ein herrlicher Rückzugsort, wenn wir erschöpft von den spektakulären und schweißtreibenden Wanderungen zurückkamen. Die Kinder spielten im großen Garten oder plantschten im Pool, während wir Eltern es uns mit einem guten Buch auf den Liegestühlen unter einer riesigen Linde bequem machten und dem Summen der Tausenden Bienen lauschten, die fleißig den Nektar der Blüten schlürften. Unsere Vermieter waren sehr freundliche Leute und fragten immer wieder nach, ob denn alles in Ordnung sei. Die Wohnung lag fernab der großen Touristenhochburgen. So konnten wir die Ruhe und Stille jeden Tag aufs Neue genießen, angefangen mit dem ersten Kaffee auf dem Balkon während der streichelnden Morgenstrahlen bis zum Glas Rotwein auf der Terrasse am Abend, wo wir der müde gewordenen Sonne dabei zusahen, wie sie sich zur Ruhe legte.

An einem Abend wollte ich im Bett lesen, da es mir draußen zu frisch geworden war. Ich hatte mir ein Glas Rotwein auf den Nachttisch gestellt und war noch einmal kurz nach draußen gegangen. Plötzlich hörte ich klirrendes Glas, begleitet von „Oh nein, oh nein, oh nein"-Rufen aus dem elterlichen Schlafzimmer. Ich rannte hinein und sah sofort das Ausmaß des Unglücks. Unsere Tochter hatte das Weinglas umgeworfen. Es war zwar nicht kaputt, doch der Rotwein perlte wie Regentropfen auf einer Fensterscheibe von der Tapete. Ein mäandergleicher blassroter Fleck prangte nun an der Wand. Man hätte es fast als filigranes Kunstwerk bezeichnen können, hätte daneben nicht ein Kind gestanden, das herzzerreißend schluchzte. Ganz zu schweigen von der Tatsache, dass die Tapete hinüber war. Auch alles Wischen und Schrubben halfen nicht. Unsere Tochter war vollkommen aufgelöst. Es war schwer, sie zu beruhigen, und ich konnte sie so gut verstehen. Sie fragte also, was wir denn jetzt tun sollten. Mein Mann und ich sagten ihr, dass uns nichts anderes übrig bliebe, als es unseren Vermietern zu erzählen. Und wir sagten ihr, dass sie es ihnen mitteilen müsse.

An diesem Punkt der Erzählung bricht nun die oben beschriebene Empörung unserer Nachbarn über uns herein.

„Das habt ihr doch nicht wirklich getan?"

„Doch, natürlich", antworten wir. Denn immerhin hatte unsere Tochter das Glas umgeworfen, auch wenn es keine Absicht gewesen war.

Nach einer ruhigen Nacht kehrte am nächsten Morgen das schlechte Gewissen mit voller Wucht zurück. Das Toastbrot wurde nur auf dem Teller hin und her geschoben, die Schultern hingen tief und nicht mal ihre Schwester konnte sie aufheitern. „Ich werde das auch bezahlen!", meinte sie zu uns. Aber wir erklärten ihr, dass sie das gar nicht müsse. Für den Schaden würden wir aufkommen, da solle sie sich gar keine Sorgen machen. Aber erzählen musste sie es den Vermietern selbst. „Ich will es jetzt hinter mich bringen", sagte sie dann entschieden. Getrieben von ihrem festen Entschluss und mit ihrem Papa Hand in Hand ging sie zu unseren Vermietern. Keine fünf Minuten später kam sie mit einem Strahlen im Gesicht zurück. „Die waren überhaupt nicht böse und haben gesagt, dass es nicht so schlimm wäre." Mein Mann nickte mir lächelnd zu. Unsere Tochter war sichtlich erleichtert. Ihre Fröhlichkeit war wieder da und sie begann sofort ausgelassen mit ihrer Schwester auf dem Trampolin zu hüpfen. Die Last war ihr genommen worden und beflügelte ihr Wesen.

„Wie konntet ihr das nur tun?", fragen unsere Nachbarn erneut immer noch sichtlich erregt, nachdem wir die Erzählung beendet haben. „Das muss doch schlimm für sie gewesen sein. Das wird sie noch lange beschäftigen!"

Ja, das denke ich auch. Und das hoffe ich sogar. Denn es ist ein Teil unseres Lebens, wenn auch ein sehr unangenehmer: einen Fehler einzugestehen. Erst ein paar Wochen zuvor war uns jemand auf dem Parkplatz ins Auto reingefahren.

Die Beule war da, der Unfallverursacher aber nicht mehr. Obwohl der Schaden wahrscheinlich einfach über die Versicherung hätte abgewickelt werden können, entschied sich der Unfallfahrer für die Flucht, anstatt die Schuld einzuräumen. Und irgendwie konnte ich ihn verstehen. Wie oft passieren mir Dinge, von denen ich mir wünsche, dass sie nie geschehen wären. Bei denen ich hoffe, dass sie nur ein schlechter Traum sein würden. Wo ich niemand anderen verantwortlich machen kann und lieber weglaufen möchte, anstatt mich meinem Fehler zu stellen. Im Leben geht es oft um so viel mehr als eine Beule im Auto oder einen Fleck an der Wand. Da machen wir uns schuldig an unseren Mitmenschen, aus kleinen Blessuren können tiefe Wunden werden. Die Last einer Schuld ist unsagbar schwer. Deshalb bin ich so dankbar, dass wir Christen aus der Vergebung heraus leben dürfen. Sie ist ein Privileg und ein Gnadengeschenk, teuer am Kreuz erkauft. Vergebung ist ein wunderbares Vorrecht, von dem wir dankbar Gebrauch machen dürfen. Das bedeutet aber auch, dass wir um Vergebung bitten müssen. Um Vergebung bitten bei Gott, aber auch bei unserem Nächsten, den wir verletzt haben. Mir persönlich fällt es leichter, Gott um Vergebung zu bitten, als dem Menschen, an dem ich schuldig geworden bin. Weil ich weiß, dass Gott es liebt, gnädig zu sein. Wir Menschen sind nachtragender und oft unbarmherziger. Und es ist auch einfach unglaublich schwer: zuzugeben, dass man einen Fehler gemacht hat, demütig zu werden vor meinem Nächsten, mich ihm unterzuordnen und um Verzeihung zu bitten. Dieser Schritt ist der längste Weg, den ich kenne.

Haben wir unserer Tochter also zu viel zugemutet? Ja, vielleicht. Aber das Leben mutet uns so einiges zu. Natürlich war die Bürde drückend, die Nervosität zerreißend und die An-spannung kaum auszuhalten. Aber unsere Tochter hat noch etwas anderes erlebt: die unermessliche und wohltuende Kraft der Vergebung. Wie befreiend sie ist. Dass sie die Macht hat, Ketten zu sprengen. Und wie erlösend der Gedanke ist, dass die Schuld bereits bezahlt wurde. Mein Mann und ich wussten, dass wir unserer Tochter genau das an diesem Tag vermitteln konnten: dass ein um Vergebung bittendes Herz erhört wird. Und sie hat verstanden, dass wir Eltern ihr nicht alles abneh-men können, was im Leben auf sie zukommen wird, wir aber für sie da sind, sie unterstützen und nicht im Stich lassen. Und wie viel größer ist da ihr himmlischer Vater!

Wie konnte ich meiner Tochter das also nur antun? Mit ganz viel Liebe.

> **„Darum wollen wir zu Gott kommen mit aufrichtigem Herzen und im festen Glauben; denn das Blut von Jesus Christus hat uns von unserem schlechten Gewissen befreit, und unser Körper wurde mit reinem Wasser von aller Schuld reingewaschen."** Hebräer 10,22

Die Herausrede

"Gehört also jemand zu Christus, dann ist er ein neuer Mensch. Was vorher war, ist vergangen, etwas völlig Neues hat begonnen." 2. Korinther 5,17

Es war Abend. Meine Töchter machten sich bereit, ins Bett zu gehen. Obwohl es noch gar nicht allzu spät war, waren sie müde. Genauso wie ich. Die langen grauen Wintertage nebelten uns ein, schlürften stetig an unseren Energievorräten und erinnerten uns täglich daran, wie sehr wir die wohltuenden Strahlen der Sonne vermissten. Allmählich beneidete ich die Tiere, die nun ihren Winterschlaf halten durften.

Auf einmal jedoch wurde ich jäh aus meiner Lethargie gerissen. Meine Aufmerksamkeit wurde auf ein Gespräch meiner Töchter gelenkt, die zu diesem Zeitpunkt zehn und zwölf Jahre alt waren. Eine von ihnen hatte die Stimme erhoben und schien wütend zu sein. Ich hörte den Vorwurf, den sie ihrer Schwester machte, und obwohl nicht ich die Betroffene war, konnte ich fühlen, wie sehr es die andere verletzte und traurig machte. Doch da war noch etwas, das mir sauer aufstieß. Ich wusste, dass dieser Vorwurf, der nun durch unser Haus waberte, nicht der Wahrheit entsprach. Getrieben von dieser Erkenntnis ging ich also zu meiner Tochter, als sie allein war, und sprach sie vorsichtig darauf an. Schnell gab sie zu, dass sie die Wahrheit für sich zurechtgebogen hatte. Ich schlug ihr vor, die Situation mit ihrer Schwester zu klären, damit wieder Frieden zwischen ihnen herrschte. Ich merkte, wie es in ihr arbeitete, weil sie wusste, dass sie einen Fehler gemacht hatte. Sie schickte mich gereizt aus ihrem Zimmer. Tatsächlich hörte ich sie wenig später in den Nebenraum zu ihrer Schwester tapsen. Es dauerte nicht lange, und das Lachen der beiden drang aus dem Zimmer heraus. Deshalb freute ich mich innerlich mit ihnen und war stolz auf meine Tochter, dass sie über ihren Schatten gesprungen war. Alles wieder in Ordnung, dachte ich.

Als es an der Zeit war, meinen Mädels „Gute Nacht" zu sagen, stand ich jedoch vor einer verschlossenen Tür und bekam ein „Geh weg!" an den Kopf geknallt. Ich war verwirrt und fragte sie, ob ich irgendetwas falsch gemacht hätte. Wütend rief sie: „Nein! Geh trotzdem weg." Ratlos ging ich ins Wohnzimmer. Ich verstand die Welt nicht mehr. Ich war doch nicht diejenige gewesen, die einen Fehler gemacht hatte, sondern sie. Bestrafte sie mich etwa dafür, dass ich sie darauf aufmerksam gemacht hatte? Obwohl sie es doch sogar eingesehen hatte und die Angelegenheit mit ihrer Schwester längst geklärt war?

Ich saß auf der Couch und grübelte. Jedenfalls machte ich mir selbst vor, dass ich intensiv darüber nachdachte. Denn eigentlich hatte ich längst begriffen, dass Gott mir den Spiegel vorgehalten hatte.

„Wollen wir uns gleich treffen?"

Ich sah die Nachricht am Morgen dieses Tages auf dem Display meines Handys aufploppen. Sie kam von einer Freundin, die ich sehr mochte. Aber trotzdem war mein erster Gedanke: keine Lust. Ich fühlte mich überhaupt nicht danach, mich an diesem Tag mit ihr zu treffen. Es gab eigentlich keinen besonderen Grund dafür. Nur, was sollte ich ihr antworten? Ich konnte doch wohl nicht ehrlich schreiben: „Nee, mir ist nicht zum Quatschen zumute." Also überlegte ich, was ich zurückschreiben könnte, um mich möglichst geschickt vor einem Treffen zu drücken. Einen Termin konnte ich nicht vorschieben. Außerdem wollte ich nicht, dass meine Antwort irgendwelche Nachfragen nach sich ziehen würde. Nach reiflicher Erörterung formulierte ich eine, meiner Meinung nach, unverfängliche Absage und drückte auf „Senden". Als Antwort erhielt ich ein „Alles klar." Ich war froh und erleichtert, so elegant aus der Sache herausgekommen zu sein. Das gute Gefühl hielt allerdings nicht allzu lange an. Eine Stimme in meinem Kopf sagte ganz sachte: „Das war eine Lüge!" Natürlich wusste ich, dass dies stimmte, aber mein inneres Ich schaltete unmittelbar in den Verteidigungsmodus. Zunächst verharmloste ich diese Anschuldigung: Es war keine Lüge, sondern eine Ausflucht, vielleicht durch eine klitzekleine Notlüge untermalt. Sofort fielen mir gute Gründe für meine Schutzbehauptung ein. Dass ich Ruhe bräuchte, so wirklich fit fühlte ich mich eigentlich gar nicht, die lange Autostrecke bei den hohen Benzinpreisen und überhaupt die Pandemie, da sollte man sich doch nicht so oft treffen. Die Stimme in meinem Kopf sprach wieder absolut klar und behutsam: „Du hast deine Freundin angelogen." Es lag keinerlei Anklage in dieser Stimme, auch kein Groll oder Zorn. Es war eine einfach formulierte Feststellung. Genauso gut hätte sie sagen können: „Du hast Brot geschnitten". Weder eine Verurteilung noch ein Freispruch lagen in diesem Satz. Weder ein „Das war nicht okay" noch ein „Ist schon in Ordnung". Die Stimme überließ es mir scheinbar selbst, die Sachlage zu beurteilen. Selbstverständlich wusste ich, dass es keine Beschönigung für die Tatsache gab, dass ich gelogen hatte. Das beschämte mich. Aber da war noch etwas anderes: Es machte mich wütend. Nicht auf mich selbst, nicht darauf, dass ich es ja war, die Mist gebaut hatte. Nein, ich war wütend darüber, ertappt worden zu sein, und dass meine hastig zusammengezimmerte Herausredenhütte ohne große Anstrengung zusammengekracht war. Ich wusste nicht, was mich mehr grämte: mein empörtes Ego oder der Umstand, dass ich mich selbst verurteilt hatte. Es nervte mich und so krabbelte ich widerborstig unter die Trümmer meiner Hütte, wollte mich im Recht fühlen und sagte zu der Stimme in meinem Kopf, sie solle ruhig sein. Und das war sie dann auch. Sie schwieg. Während des Tages legten sich mein Groll und meine Unzufriedenheit unmerklich und das schlechte Gewissen sowie der gesamte Vorfall des Morgens verschwanden allmählich im Gewimmel des Alltagrucksacks.

Nun saß ich auf der Couch und verstand. Meine Tochter hatte sich ertappt gefühlt. Doch sie war nicht sauer auf sich selbst, sondern auf den Überbringer dieser Botschaft. Wer hört schon gerne, dass er oder sie etwas falsch gemacht hat? Jedoch war mir meine Tochter einen großen Schritt voraus: Sie hatte ihren Fehler eingesehen und ihn längst korrigiert.

Gott lebt durch seinen Heiligen Geist in mir. Ich habe ihn hineingelassen. Und es ist mein Wunsch, dass er zu mir spricht. Dies bete ich immer wieder. Deshalb muss ich auch akzeptieren, dass er mich eben auch auf meine Fehler, auf meine Sünden, aufmerksam macht. Das tut weh und manchmal macht es mich eben auch wütend. Dann merke ich, dass sich mein altes Ich meldet und wieder Anspruch auf mein

Leben erhebt. Es flüstert mir ein, dass ich doch auch mal an mich denken solle, dass ein bisschen Lügen gar nicht so schlimm sei und sich mein himmlischer Vater nicht in alles einmischen müsse. Aber ich bemerke den Unterschied zu meinem früheren Leben. Ich glaube und vertraue meinem alten Ich nicht mehr. Und das bewirkt der Heilige Geist in mir:

> **„Nun aber seid ihr nicht länger eurem selbstsüchtigen Wesen ausgeliefert, denn Gottes Geist bestimmt euer Leben – schließlich wohnt er ja in euch! Seid euch darüber im Klaren: Wer den Geist von Jesus Christus nicht hat, der gehört auch nicht zu ihm."** Römer 8,9

Mir macht dieser Vers aus zweierlei Gründen unglaublich Mut. Zum einen darf ich durch Gottes Geist erkennen, dass die Denkweise meines alten Ichs weder richtig noch gut ist und ich mich nicht von ihr bestimmen lassen muss. Denn in mir wirkt die versöhnende Kraft Jesu Christi. Und das führt mich direkt zu einem anderen Punkt. Ich weiß, dass ich Gottes Kind bin und zu ihm gehöre, weil sein Geist in mir ist, der mir mein Fehlverhalten erst vor Augen führt. Und das tun Eltern nur bei ihren eigenen Kindern. Das Wunderbare dabei ist, dass er nicht nur auf meine Fehler deutet, sondern gleichzeitig auf Jesus am Kreuz, der dafür bereits bezahlt hat. Mir ist vergeben. Gott als mein Vater möchte mich vor der Sünde bewahren. Dies darf ich immer wieder erleben, wenn sein Geist zu mir spricht, ob es mir gefällt oder nicht, ob ich es sofort akzeptiere und annehme oder erst bockig wie ein kleines Kind bin. In jedem Fall bin ich mir sicher, dass mir vergeben ist.

> „Wer nun mit Jesus Christus verbunden ist, wird von Gott
> nicht mehr verurteilt. Denn für ihn gilt nicht länger das
> Gesetz der Sünde und des Todes. Es ist durch ein neues
> Gesetz aufgehoben, nämlich durch das Gesetz des Geistes
> Gottes, der durch Jesus Christus das Leben bringt.“
>
> Römer 8,1-2

Und noch etwas habe ich an diesem Tag verstanden: Genauso wie ich es nicht ertragen konnte, dass meine Töchter sich gegenseitig verletzen, genauso schmerzt es Gottes Herz zu sehen, wenn seine Kinder dies tun. Wir Kinder Gottes sind Schwestern und Brüder und unser Vater kümmert sich um seine ganze Familie.

Noch während ich darüber nachdachte, vernahm ich Schritte im Flur. Meine Tochter setzte sich auf meinen Schoß und umarmte mich. „Gute Nacht, Mama. Und sorry, dass ich eben so doof zu dir war.“ Dann stand sie auf und ich hörte ihre Zimmertür leise ins Schloss fallen. Meine kleine Tochter, mein großes Vorbild. „Ach Vater“, betete ich. „Danke, dass du nicht müde wirst, mir immer wieder nachzugehen. Und sorry, dass ich heute so doof zu dir war.“

> „Hört mir zu, ihr Nachkommen von Jakob, alle, die ihr von
> Israel noch übrig seid! Von Anfang an habe ich euch
> getragen, seit eurer Geburt sorge ich für euch. Ich bleibe
> derselbe; ich werde euch tragen bis ins hohe Alter, bis ihr
> grau werdet. Ich, der Herr, habe es bisher getan, und ich
> werde euch auch in Zukunft tragen und retten.“
>
> Jesaja 46,3-4

Epilog

> „Kaum etwas scheint vom wirklichen Leben
> so unberührt wie ein schlafendes Kind." John Irving[3]

Da sitzen sie und schlafen. Ihre Körper liegen schlaff in den Autositzen und die Köpfe lehnen in unnatürlichen Positionen an der Scheibe, wie es wohl nur noch bei Grundschulkindern möglich ist. Beide Münder sind weit geöffnet, das verschwitze Haar klebt ihnen an der Stirn und feine Wasserperlen haben sich über den Oberlippen gebildet. Kaum waren wir losgefahren, war es schnell ruhig auf der Rückbank gewesen. Die Erschöpfung und Hitze des Tages haben unsere Töchter schnell in den Schlaf dirigiert. Ich muss unwillkürlich an das Zitat von John Irving denken und ihm innerlich zustimmen, so friedlich liegen sie da.

Wir waren den ganzen Tag unterwegs gewesen. Bereits am frühen Morgen hatten wir uns auf den Weg gemacht. Drei Stunden Fahrtzeit über kurvige Straßen, die nicht immer im besten Zustand waren. Unser Ziel war das Capo Testa, eine kleine Halbinsel im Norden Sardiniens. Schon die ersten Ausblicke überwältigten uns. Dieses Fleckchen bietet ein wunderschönes Naturschauspiel, das mit seiner verschrobenen und bizarren Granitlandschaft kaum abwechslungsreicher und unwirklicher sein könnte. Verwitterte Tafoni-Felsen bilden groteske Formationen aus Granit, modelliert von hohen Wellen und dem trotzigen Mistral-Wind. Wir liefen durch das harte Gestrüpp der Macchia, das uns manchmal undurchdringlich erschien, zwängten uns durch enge Felsspalten und kletterten über Felsen so groß wie Elefanten, die uns den Weg versperrten. Der Schweiß tropfte uns am ganzen Körper herunter, denn die Sonne brannte erbarmungslos. Durch manche Kletterpartie halfen wir unseren Mädels und der schroffe Weg hinterließ so manchen Kratzer auf unseren Beinen. Doch all die Strapazen waren es wert. Hinter jeder Biegung schien sich die Landschaft zu verändern, die Farben des Gesteins wechselten von Ocker über Grau bis hin zu einem strahlenden Weiß. Aus den Macchia-Büschen dampfte ein würzig-pfeffriger Duft und krabbelte in unsere Nasen. Das Meer war allgegenwärtig. Entweder hörten wir die Gischt, die an den Felsen leckte, oder rochen und schmeckten das Salz in der Luft. Manchmal stießen wir auch tatsächlich überraschend ans Ufer und blickten in sein tiefblaues Auge. Manche Täler wirkten wie Mondlandschaften, das Erkennen von Gesichtern, Tieren und Formen in den grotesken Felsformationen wurde zum Spiel, das niemandem schwerfiel. Und immer wieder trafen wir auf zauberhafte Buchten und unwirklich schöne Sandstrände mit türkisfarbenem glitzerndem Wasser, das uns flüsternd Abkühlung versprach. So dauerte es auch nicht lange, bis wir unsere erhitzten Körper in die seidigen Fluten gleiten ließen und abwechselnd die Fische, die ein paar Meter unter uns schwammen, oder den azurblauen Himmel über uns beobachteten. Danach ließen wir uns von der Sonne auf den Felsen trocknen. Dankbarkeit umschloss mein Herz und ich war wieder einmal erstaunt darüber, was Gott mit viel Liebe und Leidenschaft zum Detail zu unserer Freude erschaffen hatte.

Die Kinder schlafen tief und fest. Die kurvige und ruckelige Autofahrt stört sie nicht. Obwohl sie schlafen, erkenne ich ihre Zufriedenheit über diesen Tag. Und während ich sie betrachte, spüre ich es wieder: diese tiefe und unbeschreibliche Liebe für sie. Dieses Gefühl der absoluten Glückseligkeit. Eine Macht, die nichts von ihrer Wirkung eingebüßt hatte seit dieser Nacht, als ich sie zum erste Mal gespürt hatte – so überwältigend, so klar und rein, so schöpferisch und kraftvoll. Heute muss ich meine Kinder nicht mehr in den Schlaf wiegen oder sie mitten in der Nacht trösten. Heute sind es andere Sorgen, die uns als Eltern umtreiben, und morgen werden es wahrscheinlich wieder andere sein. Trotzdem steht eines fest: Egal, wie alt sie werden, wir werden für immer ihre Eltern sein. Und weder die Sorge um sie noch die Liebe wird jemals enden. Wir werden sie in ihrem Leben begleiten, solange wir es können, und ihnen Liebe und Fürsorge entgegenbringen.

Ich erinnere mich, dass ich einmal nach einem Kinobesuch nach Hause kam. Es war so gegen dreiundzwanzig Uhr. Als ich den Flur betrat, sah ich meinen Vater im Türrahmen des Wohnzimmers stehen, die Hände in die Seiten gestemmt. Seine erzürnte Miene verhieß nichts Erfreuliches. „Hast du mal auf die Uhr geguckt? Wieso bist du erst jetzt wieder da? Du hättest ja mal anrufen können!" Jetzt könnte man meinen, dass dies eigentlich keine so ungewöhnliche Reaktion eines Vaters ist. Doch in dem Jahr, als sich beschriebene Szene ereignete, war ich nicht zwölf Jahre alt geworden, sondern vierzig. Mein Vater hatte auf die Kinder aufgepasst, während mein Mann und ich unterwegs waren. Nachdem mein Vater unser Haus wutstampfend verlassen hatte, konnte ich nur denken: Wir bleiben für immer Eltern und deshalb bleiben wir auch für immer Kinder. Eine Kindschaft kann nicht aufgekündigt werden. Kind bleibt Kind. Da ist es auch egal, ob es schon lange aus der Kindheit herausgewachsen ist.

Aus der Perspektive heraus, Gottes Kind, also ein Königskind zu sein, kannst du dich fragen, was sich dadurch in deinem Leben verändert, wozu es dich befähigt. Wie geht es dir damit, wenn du daran denkst, Gottes Kind zu sein? Ich lade dich ein, die Augen nach Gottes Vaterherz offenzuhalten, damit du diese Spuren der Liebe Gottes nicht übersiehst.

Ich habe keinerlei Zweifel daran, dass Gott, mein Vater, mich liebt und er für immer an meiner Seite sein wird. Das hat mir meine Elternschaft gezeigt: Wenn schon ich, als unperfekter Mensch, meine Kinder niemals im Stich lassen würde, wie könnte der vollkommene und gerechte Gott dies jemals tun?

> **„Berge mögen einstürzen und Hügel wanken, aber meine Liebe zu dir wird nie erschüttert, und mein Friedensbund mit dir wird niemals wanken. Das verspreche ich, der HERR, der sich über dich erbarmt."** Jesaja 54,10

Ich treffe als Mutter viele falsche Entscheidungen und handle oft genug vernunftwidrig. Doch Gott tut das nicht. Er handelt aus seiner Allmacht und tiefen Weisheit heraus. Gott weiß, was ich wirklich brauche, und er möchte mir dabei helfen, eine Frau nach seinem Herzen zu werden. Selbst wenn ich mal wieder versage. Genauso wie ich meine Kinder, auch wenn sie mal nicht auf mich gehört haben und ich wütend auf sie bin, nicht für böse oder schlecht halte und sie trotz allem liebe, so liebt auch Gott mich trotz allem und vergibt mir. Denn ich bin nicht ein Resultat meiner Fehler, sondern sein geliebtes Kind. Die

Sünde verliert ihre Bedeutung und Macht im Angesicht von Gottes unendlicher Liebe. Ein Sprichwort besagt, dass Blut dicker ist als Wasser, dass Entscheidungen also immer zugunsten der Familie getroffen werden. Jesus hat sein Blut für uns vergossen. Deshalb fließt sein Blut der Vergebung durch meine Adern. Deshalb entscheidet er sich für seine Kinder.

> **„Christus hat unsere Sünden auf sich genommen und sie am eigenen Leib zum Kreuz hinaufgetragen. Das bedeutet, dass wir für die Sünde tot sind und jetzt leben können, wie es Gott gefällt. Durch seine Wunden hat Christus euch geheilt."**
>
> 1. Petrus 2,24

Das Wissen darum schenkt mir Identität und stiftet Sinn. Gott hat einen Teil von sich in uns hineingelegt. Aus diesem Grund sind wir ihm so kostbar. Wir tragen sein Licht in uns. Und weil wir seine Kinder sind, erinnern wir uns. Das tun wir nicht immer, aber es gibt sie, diese Augenblicke. Es sind die Momente, in denen wir Vollkommenheit verspüren, glasklare Liebe empfinden und uns ein Glücksgefühl durchströmt, das nichts auf der Welt uns geben könnte. Es sind die Momente, in denen wir das Gefühl haben, dass alles genau so richtig ist. Sie kommen nicht aus uns selbst heraus, sie kommen von Gott. Deshalb können wir unsere Berufung leben. Weil die Beziehung Gottes zu uns geprägt ist von der Anerkennung des Himmels, die Jesus uns auf diese Erde gebracht hat.

Gott ist mit mir unterwegs. Der Weg ist oft beschwerlich oder erscheint undurchdringlich, Hindernisse müssen überwunden werden und so manche Schramme hat er schon hinterlassen. Aber immer wieder darf ich staunen und meinen

Blick schweifen lassen über die Wunder, denen ich begegne, und die Güte des Herrn tief einatmen. Mein himmlischer Vater führt mich und ich fühle mich sicher und geborgen auf dieser Reise. Wenn ich mal erschöpft bin, kann ich sorglos die Augen schließen und mich auf der Rückbank ausruhen mit der Gewissheit, dass Gott auf mich achtet. Dann denke ich, dass John Irving vielleicht doch unrecht hatte. Denn nie bin ich dem Leben näher als in der Obhut meines Schöpfers. Möglicherweise beobachtet er mich so, wie ich meine Kinder jetzt gerade betrachte: beseelt von tiefer, unverfälschter, ewiger Zuneigung und Glückseligkeit. Denn ich bin unerschütterlich davon überzeugt:

**„Seht doch, wie sehr uns der Vater geliebt hat!
Seine Liebe ist so groß, dass er uns seine Kinder nennt –
und wir sind es wirklich!"** Johannes 3,1a

Anmerkungen

1 List, Sylvia (Hrsg.): Erich Kästner. Wer Kind bleibt, ist ein Mensch. Von Kicherfritzen, dem vergesslichen Christoph und anderen. Zürich, Atrium Verlag 2016.
2 Lewis, Clive Staples: Dienstanweisungen für einen Unterteufel. Freiburg, Verlag Herder GmbH 101992, S. 10.
3 Irving, John: Witwe für ein Jahr. Zürich, Diogenes Verlag 1999, S. 222.

Worte der Wertschätzung

„Die Tipps und Lösungsvorschläge sind praktisch und die Beispiele authentisch und lebensnah. Ich habe das Gefühl, mit meinen Sorgen und Herausforderungen nicht allein zu sein und das tut so gut!"

Leserstimme

„Ich bin nicht gut genug. Ich schaff das nie. Meiner Freundin geht es viel besser als mir." Viele junge Mütter haben diese und andere Lügen im Kopf. Priska Lachmann kennt diese Gedanken ebenfalls nur zu gut und weiß, welche destruktive Macht sie haben können. Deshalb ist es wichtig, ihnen etwas entgegenzusetzen: Worte der Wertschätzung und Ermutigung.

Priska Lachmann – selbst dreifache Mama – holt ihre Leserinnen bei den vertrauten Lügen ab, um ihnen dann zu einem positiven Blick auf sich selbst zu verhelfen. Ein Buch wie eine gute Freundin, ehrlich, mitfühlend und ermutigend.

Priska Lachmann • Mama. Frau. Königstochter.
Klappenbroschur • 192 Seiten • ISBN 978-3-95734-676-6

© 2023 Gerth Medien
in der SCM Verlagsgruppe GmbH,
Dillerberg 1, 35614 Asslar

Wenn nicht anders angegeben, wurden die Bibelstellen der
folgenden Übersetzung entnommen:
Hoffnung für alle®, Copyright © 1983, 1996, 2002, 2015 by Biblica
Inc.®. Verwendet mit freundlicher Genehmigung von Fontis –
Brunnen Basel. Alle weiteren Rechte weltweit vorbehalten.

Weitere verwendete Bibelübersetzungen:
Lutherbibel, revidiert 2017, © 2016 Deutsche Bibelgesellschaft,
Stuttgart.
Zum Schutz der in diesem Buch erwähnten Personen wurden
manche Namen geändert.

1. Auflage 2023
Bestell-Nr. 817963
ISBN 978-3-95734-963-7

Umschlaggestaltung: Benita Penner
unter Verwendung von Shutterstock
Coverillustration: tetiana_u / Shutterstock
Lektorat: Désirée Wiktorski, Ellen Fritsche
Satz: Uhl + Massopust, Aalen
Druck und Verarbeitung: GGP Media GmbH, Pößneck
Printed in Germany

www.gerth.de